그림자에 / 민감해지기

Der Schatten in uns. Die subversive Lebenskraft
by Verena Kast
© 2016 Patmos Verlag. Verlagsgruppe Patmos in der Schwabenverlag AG, Ostfildern
All Rights Reserved.
Korean translation © 2025 by DUSINAMU
This Korean translation rights arranged with Patmos Verlag through Orange Agency, Seoul

이 책의 한국어판 저작권은 오렌지에이전시를 통해 Patmos Verlag와 독점 계약한 두시의나무에 있습니다. 저작권법에 의해 한국 내에서 보호를 받는 저작물이므로 무단전재와 무단복제를 금합니다.

융 심리학으로
만나는

우리 안의
또 다른 가능성

그림자에 민감해지기

Der Schatten in uns
Die subversive Lebenskraft

베레나 카스트 지음
이상희 옮김

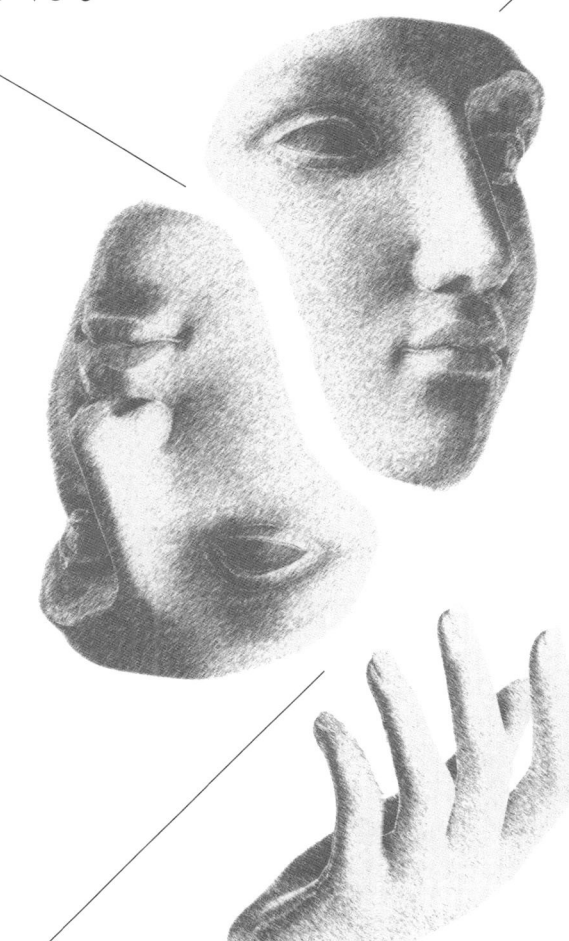

두시의나무

일러두기

— 원주는 책 뒷부분에 미주로 수록했고, 옮긴이 주는 본문 괄호에 '옮긴이'라고 표시했습니다.
— 인명, 저술 등의 원어는 처음 나올 때 병기했으며, 한국어판 번역서가 있는 책은 원어를 표기하지 않았습니다.

시작하며

'인간의 그림자'처럼 계속해서 이야기되는 주제들이 있다. 로버트 루이스 스티븐슨Robert Louis Stevenson의 소설 『지킬 박사와 하이드 씨의 기이한 사건』을 모르는 사람은 없을 것이다. 숨어 있다가 밤에 은밀한 짓을 저지르는 하이드와 자선가이자 후원자인 지킬 박사의 이야기 말이다. 이 소설은 두 사람에 관한 이야기가 아니라 한 사람에 관한 이야기다. 한 면은 밝고 아름답지만, 다른 면은 어둡고 흉측한 것─바로 그림자다. 이 이야기처럼 우리의 의식적인 태도나 드러내고자 하는 모습과, 우리 안에 억압되어 감추어진 흉한 모습이나 비난받을 만한 면들 사이의 차이는 그렇게 극단적으로 크지 않다. 하지만 이 이야기는 하나의 좋은 예가 될 수 있다. 그림자란 바로 깊은 내면에서 비롯되는 위협이자 금지된 것, 자신이 통제해야 하지만 종종 그럴 수조차 없는 것이다.

물론 사람들은 자신의 그림자에 대해 알고 있다. 대부분의 이야기는 그림자에 관한 것인 동시에 그림자를 어떻게 다룰지에 관한 것이기도 하다. 우리의 그림자는 다른 사람에 의해 투사되고 보이는 것이자 때로는 어쩌면 관음적인 방식으로 즐길 거리가 되기도 한다. 다른 한편으로 우리는 그것은 그림자일 뿐 나의 모습은 아니라며 신랄하게 비판하고 거부하기도 한다.

카를 구스타프 융Carl Gustav Jung이 1912년에 최초로 그림자라는 개념을 공식화한 이후로 대부분의 융 이론 연구자들은 계속 이 개념을 탐구해왔을 것이다. 얼핏 보면 우리가 원하는 모습과 실제로 존재하는 우리 모습 사이의 모순을 설명하는 이 개념은 비록 그 모순으로 우리가 당황하게 될지라도 훨씬 더 깊은 의미를 지닌다. 때때로 그림자는 우리에게 낯선 것, 그저 단순히 '나쁜' 존재가 아니라 이질적인 것이기 때문에 우리가 아직 알지 못하는 다른 모든 것과 마찬가지로 두려운 것이다. 하지만 우리는 또한 그림자가 쉽게 투사된다는 사실을 알고 있으며, 그렇기에 우리 자신의 그림자를 인식하는 문제는 타인과 타인을 대하는 방식과도 관련이 있다. 이것은 아주 중요한 주제다. 이 책에서 나는 한 개인의 삶에서, 그리고 부부를 비롯한 공동체의 삶에서 그림자를 대하는 관점에 대해 이야기할 것이다.

이 책이 파트모스 출판사에서 다시 출간되어 매우 기쁘며, 언제나 즐거운 협업과 편집자 크리스티아네 노이엔의 헌신에 진심으로 감사한 마음을 전한다.

융과
그림자 개념

 빛이 비추는 곳이라면 그림자가 생기고, 그림자를 본다는 것은 빛의 근원도 알아챌 수 있다는 것이다. 말하자면 빛과 어둠은 상호의존적이며 근원이 같다. 이 자연의 원리는 인간에게도 동일하게 적용된다. 우리가 자신의 어느 한 부분을 빛에 비추어 드러내 보이면 우리의 다른 부분은 그림자 속으로 사라지는 것이다. 어쩌면 우리는 원래부터 자신의 어떤 면을 어둠 속에 숨기려고 노력하는 것일 수도 있다. 그곳이 완전한 어둠이라 할지라도.

 빛과 그림자라는 은유적인 표현은 융의 상호의존적인 두 가지 개념, 즉 페르소나와 그림자를 의미한다. 어느 한 사람의 그림자란 어떤 상황에서도 외부에 드러나거나 보여서는 안 되는 인격적 특성을 뜻한다. 그것이 드러나게 되면 그 사람은 최소한 일정 기간 동안 사회적 체면을 잃게 되고, 대체로 이를 수치스럽고 두렵게 여긴다.

한 인간의 개인적인 그림자는 특정한 행동과 관련 있는데, 그것은 그 개인이 받아들일 수 없는 인격적 특성, 예를 들어 질투나 탐욕 같은 것일 수 있다. 그러나 그것은 우리 스스로가 받아들일 수도 없지만 한편으로는 어느 순간 억누를 수 없는 모든 의식적인 특성과 행동을 의미하기도 한다. 우리에게는 언제나 이런 숨겨진 그림자가 존재한다.

그림자의 심리학적인 개념은 매우 중요하다. 융은 1912년에 처음으로 E. T. A. 호프만E. T. A. Hoffmann의 『악마의 묘약』에 등장하는 '그림자 형제'라는 개념을 다루었다.[1] 그림자와의 대결은 그 이후로 융 이론의 중요한 주제로 이어져왔다. 특히 1939년, 1945년, 1946년에 자신의 저술에서 그림자를 언급했다. 1948년에는 융의 중요한 제자인 에리히 노이만Erich Neumann이 이 주제에 대한 저술을 발표했다. 바로 『심층심리학과 새로운 윤리 Tiefenpsychologie und neue Ethik』라는 책이다.

융에 따르면 지그문트 프로이트Sigmund Freud의 그림자 이론은 '발견'된 것이다. 융은 프로이트의 '깨달음의 방법'을 일종의 '인간의 어두운 면에 대한 섬세한 작업'이라고 본다.[2] 인간의 본성에 대해 환상을 갖지 않도록 해주는, 인간 특성에 대한 지나친 이상주의적 이론에 대한 최고의 해독제인 것이다. 하지만 융은 인간을 오로지 그 개인의 그림자로만 설명할 수 없다고 덧붙였다. 이는 전형적인 융의 방식이다. "결국 중요한 것은 그림자가 아니라, 그림자를 만들어내는 본체다."[3] 따라서 융의 심리학에서는 인간 심리의 병리적 측면뿐 아니라 인간의 강한 내면도 중요하다. 바로 자원 지향적 심리치료가 그렇다.

그림자는 호프만의 『악마의 묘약』에 나오는 '그림자 형제'에서 보듯 아주 오랫동안 문학의 주제로 다루어졌다. 그것은 늘 변함없는 인간의 보편적 관심사였다. 심층심리학적 관점은 특히 인간의 그림자가 어떤 맥락에서 생겨나고 어떻게 구성되는지, 그것을 이상적으로 어떻게 처리해야 하는지 질문을 던진다. 이는 사람들의 내면에 존재하는 어둠에 관한 것이므로 아주 근본적인 질문이다. 이 어둠은 대인 관계에 몹시 파괴적인 영향을 미칠 수 있다.

빛과 그림자의 은유를 생각해보면, 그림자를 다루는 것이 그다지 간단한 일이 아니라는 것이 분명해진다. 모든 새로운 빛은 새로운 그림자를 드리우기 때문에 어떤 경우에도 그림자가 있는 곳에 쉽게 빛이 비치지 않는다. 그림자를 다루는 것은 근본적으로 그림자를 수용하고 빛과 어둠이 인간의 삶에서 상호작용한다는 사실을 이해하는 것이다. 더불어 그림자에 대한 민감성을 키워 우리 내면의 어두운 측면을 책임감 있게 다루는 법을 배우는 것이기도 하다. 이는 가치의 상실이 아닌 가치의 재평가에 관한 것이다.

차례

시작하며 5

융과 그림자 개념 8

01	페르소나와 그림자 사이	15
02	우리 안의 그림자	33
03	세상 사람들의 페르소나와 그림자	71
04	이토록 낯선 그림자	77
05	집단적 그림자	93
06	그림자를 수용하기	125

07	보완적 그림자와 유사한 그림자	*183*
08	그림자를 받아들이는 일은 왜 힘든가	*193*
09	관계 속의 그림자	*213*
10	아이들이 겪는 그림자	*239*
11	그림자에 가려진 여성	*245*

마무리하며 *251*

주 *255*

참고 문헌 *265*

01

페르소나와
그림자 사이

앞에서 언급했던 빛과 그림자의 은유는 융이 제시한 두 가지 개념, 즉 페르소나와 그림자를 말한다. 페르소나라는 표현은 고대 그리스의 희곡에서 유래했다. 배우들은 신화에 나오는 인물을 표현하는 특정한 가면—페르소나—을 쓰고 그 인물을 연기했고, 그로써 그 인물과 동일시되었다. 오늘날 우리는 '영혼의 가면'[1]을 쓸 때 신화 속 인물과 자신을 동일하게 여기는 것이 아니라 우리 자신에 대한 생각, 즉 어떤 상황에서 우리 자신을 가장 잘 표현하는 하나의 방식으로 여기는 것으로 생각된다. 이렇게 우리가 세상에 내보이는 우리 자신의 모습은 우리 정체성과 잘 맞을 수 있지만, 스스로 솔직하지 못한 것처럼, 자신에게 맞지 않는 역할을 하는 것처럼, 혹은 변장한 것처럼 느낄 수도 있다.

페르소나는 우리의 자아이상ichideal, ego-ideal에 대응하는 것이자, 한편으로는 다른 사람들이 우리를 어떻게 보려 하는지에 대한 우리의 생각에 대응하는 것이기도 하다. 가능한 한 매력적으로 보이기 위해 우리는 '아름다운' 모습에 맞지 않는 자신의 측면을 억누른다. 그러면 그 측면은 우리가 스스로 받아들일 수 없고 용납할 수 없다고 여기는 그림자가 된다. 그러나 그런 측면들은 여전히 우리 인격의 일부이자, 억압된 다른 모든 것과 마찬가지로 늘 우리 의지에 반하여 나타나고 만다.

개인의 페르소나적 태도나 페르소나적 표현과 관련해 이렇게 질문해볼 수 있다. 특정 상황에서 '어떤 사람'은 어떤 옷차림을 하는가? '어떤 사람'은 어떻게 꾸미는가? 여기서 더 나아가 통제에 관해 이렇게 질문할 수도 있다. 특정 환경에서 '어떤 사람'은 어떻게 감정을 통제하고, '어떤 사람'은 어떻게 감정을 표현하는가? 또 '어떤 사람'은 자신의 어떤 면을 보여주는가?

옷차림, 헤어스타일, 화장, 겉치레, 가면, 자동차 같은 것들은 페르소나를 상징적으로 표현한 것이다. 우리가 자신에 대해 무엇을 숨기고 드러내는지는 우리가 자신을 표현하는 방식이다. 그리고 종종 우리는 보여주고 싶은 것 말고도 숨기고 싶은 것, 즉 그림자를 보이기도 한다.

페르소나는 관계를 맺는 여러 상황에서 세상에 보여주는 자신에 관한 것이며, 우리를 대표하는 것, 여러 사회적 상황에서 우리의 인격을 표현하는 방식이다. 우리는 과거에 그랬듯이 '페르소나'라는 용어를 다소 정적인 것으로 여기고 사회적 역할과 동일시하는 것으로 이해할 수도 있지만, 오늘날처럼 훨씬 더 역동적인 것으로 정의할 수도 있다.

융은 사람이 세상에서 수행하는 역할과 온전히 완벽하게 동일시될 때의 페르소나에 대해 이야기한다. "흔한 경우 페르소나는 적응 체계나 세상을 경험하는 방식과 동일시하는 것이다. 거의 모든 직업에는 고유한 특징이 있다. (…) 세상은 특정한 행동을 요구하고 전문직 종사자들은 그 기대에 부응하기 위해 노력한다. 유일한 위험은 마치 자신의 교재를 다루는 교수처럼 페르소나와 동일시되는 것이다."[2] 여기서 융은 경직된 페르소나를 설명한다. 사람이 어떤 역할을 수행할 때 그 역할에 고정되어 다른 어떤 역할도 할 수 없고, 활기찬 개성도 더 이상 보이지 않게 된다는 것이다.

오늘날 페르소나 자체와 페르소나의 개념은 훨씬 더 유연해졌다. 인생의 전환기에도 더 이상 특정 페르소나를 요구받지 않는다. 예를 들어 노인들은 폐경 이후에 검은 옷을 입었지만, 요즘은 패션에 더 이상 연령 제한이 없다. 또한 페르소나에 유희적으로 접근하는 방식을 추구하는 경향이 많아지고 있는데, 특정한 사회적 관계 속에서 나를 어떻게 표현할 것인가 하는 질문이 여기에 해당한다. 이는 미디어 사회의 결과일 것이다. 미디어는 우리에게 자신을 표현하는 방법에 대한 다양한 모델을 제시하지만, 한편으로는 우리 자신을 우리의 무대에 올리도록 강요하기도 한다.

신디 셔먼Cindy Sherman과 같은 예술가들이 그런 작품을 만들었는데, 셔먼은 "소위 '여성'이 쓰는 정체성의 굴레라는 사회적 가면을 벗기려 했다."[3] 이 예술가들은 특정 역할을 강제함으로써 페르소나를 강제하는 사회적 가면에 의문을 제기하는 동시에 우리가 그 강제에 굴복할 필요가 없다는 것을 보여준다.

역할의 제약이 완화되고 페르소나의 모습이 더 유연하고 유쾌하게 다루어진다면, 사람들은 더 이상 자신을 '아름답기만 한' 존재로 보지 않고 자신의 어두운 면도 더 잘 마주할 수 있을 것이다. 그러나 고정된 역할이라는 개념이 그림자가 되어 우리가 거부하는 것이 되는 동시에 다른 사람들을 자유롭지 못한 존재로 낙인찍을 수 있다. 우리는 페르소나를 통해 우리의 인격을 어떻게 표현할지의 문제와 기존의 경직된 역할 행동 사이의 차이를 알아야 한다. 페르소나의 유연화—이는 분명 근 백 년간 이어진 심층심리학 사상의 효과이기도 하다─와 함께 필연적으로 개인의 정체성에 대한 질문이 제기되는 것이다.

페르소나의 역할
\

　페르소나는 외부세계와 우리의 관계를 정의하고, 우리가 보여주고 싶은 것을 보여주며, 우리 인격의 어떤 부분을 다른 사람들에게 보여주고 인정받아야 하는지를 결정한다. 우리는 자신을 '많은 얼굴'을 가진 사람으로 표현하든, 실제로 늘 한결같은 사람으로 표현하든, 자신에 대한 견해를 바로 확인받고 싶어 한다. 이런 점을 보면 우리의 페르소나는 분명히 우리 정체성의 한 부분을 드러낸다. 정체성은 결코 내부적인 것이 아니라 늘 외부에 의해 인정되어야 하는 것이다. 만약 자신을 예술가로 여긴다 하더라도 주변에 이를 인정해주는 사람이 아무도 없다면, 결국 자신은 예술가가 아닌 것이다.

　외부의 인정은 자존감 역시 조종한다. 보통 원칙적으로 우리는 우리에게 가장 많은 인정을 보장하는 페르소나를 선택하려고 노력할 것이다. 하지만 곧 그렇게 할 수 없다는 사실을 인식하게 된다. 왜냐하면 그런 모습은 우리의 진정한 특성을 속이는 것이기 때문이다. 우리 개개인은 자신을 어떻게 표현하고 행동해야 하는지 알고 있지만, 진실하고자 하기 때문에 그렇게 할 수 없다. 진정성을 유지해야 할 필요성과 특정 역할을 수행해야 할 사회적 필요성은 갈등으로 이어질 수 있다.

반면 오래전에 다른 사람들에게 받아들여지려는 노력을 포기한 이들은 사람들에게 두려움과 불안을 안겨주고 최소한의 관심을 받기 위한 페르소나를 만들어낸다. 늘 남들과 다른 옷차림과 스타일을 보이는 사람들은 자신을 연출하면서 자신이 실제로 누구인지 묻는다. 페르소나적 표현과 그것을 대하는 태도는 그림자의 이면이자 인격의 핵심을 가리키기도 한다.

앞에서 언급한 것처럼 페르소나는 우리가 어떤 상황에서 감정을 어떻게 표현하고 싶은지, 감정을 얼마나 통제하고 있는지, 무엇을 어떻게 표현하고 싶은지에 맞추어 자신을 표현한다는 의미에서 우리와 외부세계의 관계를 조절한다. 이것이 우리가 소통하는 방식이다. 페르소나적 행동에는 예의 바른 행동 규범 등 일상적인 상호작용 관습도 포함된다. 융

분석가 마리오 야코비Mario Jacoby는 페르소나가 개인의 친밀감을 얼마나 보호하는지를 강조하고, 우리가 어떤 관습도 따르지 않고 단순히 모든 감정을 행동으로 옮기면 어떻게 될지를 설명한 바 있다.[4]

모든 보호는 제한될 수 있다. 이 점은 특히 감정적 영역에서 분명하게 드러난다. 만약 감정을 너무 통제하면 인간관계는 차가워지고 멀어질 것이다. 감정을 너무 강하게 통제하는 사람은 곧 생기를 잃어버리고 자기 자신과도 연결되지 못할 것이다.[5] 그러나 반대로 감정을 너무 통제하지 않는 사람은 거리감이 없어진 채로, 자신의 감정 상태를 끊임없이 다른 사람에게 표현할 것이다. 페르소나는 나 자신과의 유대감을 보호할 뿐 아니라 타인 역시 나와의 지나친 유대감으로부터 보호하는 것이다. 우려되는 점은 통제가 과도해지고 적응이라는 이유로 규칙들이 압도하게 되는 것이며, 그로 인해 우리가 우리의 진짜 감정들로 돌발적인 행동을 하게 되는 것이다. 그리고 이는 널리 알려진 부작용을 가져오는데, 바로 대인 관계가 무너지는 것이다. 그렇게 되면 우리는 더 이상 타인을 진정으로 느끼지 못하고, 그와 연결되어 있다는 느낌도 갖지 못한다.

페르소나의 사회화
\

가족 안에서 우리는 페르소나적 태도와 페르소나적 표현을 토대로 사회화한다. 어린아이들은 자신의 페르소나를 직접적으로 드러내지 않는 특징이 있다. 3세에서 6세 사이에 수치심이라는 감정이 처음 발달하면서[6] 그제야 페르소나가 발달하는데, 이는 주로 양육의 결실이기도 하다. 아이들은 모든 상황에서 늘 똑같이 행동하지 않는다. 타인의 기분을 상하게 하지 않고 자신이 인정받으려면 각 상황에 따라 다르게 행동해야 한다는 것을 계속 배운다. 청소년기가 되면 다양한 페르소나적 태도와 표현이 시도되곤 하는데, 대체로 또래 집단과 일치한다.[7] 그러나 청소년기에 결코 개인의 성격을 자유롭게 선택할 수 있는 것은 아니다. 인생의 중요한 전환기인 이 시기에는 자존감이 아직 미완성인 데다 다른 이에게 잘 보이는 것이 무엇보다 중요하기 때문이다. 따라서 청소년기에는 페르소나의 압박을 다소 받게 된다.

유행으로 나타나는 시대적 흐름도 페르소나적 표현에 영향을 끼친다. 지난 몇 년 동안 찍은 사진을 통해 우리가 유행의 흐름에 '복종'했는지, 그것에 눈에 띄게 저항했는지 살펴보면 쉽게 알 수 있다. 이는 페르소나의 한 부분인 의사소통 방식에도 적용된다. 대부분의 청소년은 특정 표현을 쓰는 그들만의 언어를 가지고 있다. 또 관심 분야가 같은 그룹들, 예를 들어 심리학에 관심 있는 사람들과 같이 다른 그룹과 비교 가능한 특정 그룹에 속한 사람들은 그에 맞는 전문용어를 사용한다.

    기본적으로 신체적, 심리적 요인은 페르소나와 관련해 필수적인 역할을 한다. 체격이 큰 사람과 마른 사람이 자신을 다르게 표현하는 것은 분명하다. 하지만 자신을 표현하는 방식에 한계를 두는 것은 신체적 조건뿐 아니라 심리적인 부분과도 관련이 있다. 우리가 한 여성을 보고 '과감한' 옷을 입고 있다고 말할 때, 이 말은 노출에 대한 우리 자신의 수치심과도 연관된다. 그 옷이 과감한 이유는 우리 스스로 그 옷을 부끄럽게 여겨 쉽게 입을 수 없기 때문이다. 우리가 감히 보여줄 수 있는 것과 보여줄 수 없는 것을 결정하고 수치심의 임계값을 어딘가에 설정하는 것은 우리의 심리 구조에 달려 있다. 수치심의 임계값은 자신을 드러낼 수 있는 한계를 가리킨다. 이것이 모든 사람에게 동일하게 나타나는 것은 아니지만 유연하게 적용된다. 정신적으로 건강한 사람은 더 많은 것을 감당할 수 있고, 그렇지 않은 사람이라면 눈에 띄지 않으려고 노력할 것이다.

페르소나는 우리의 자아이상의 개인적 측면, 즉 우리 스스로 만들어내고 외부에 보이려고 하는 이상적인 모습, 그리고 계속 유지하고 싶은 모습을 의미한다. 자아이상은 대체로 완벽한 모습을 의미하므로 불완전한 모습은 억눌려야 한다. 페르소나는 자아이상의 사회적 측면과도 일치하며, 비록 그것이 개인의 자아이상에 대한 투사이기는 하지만, 보통 우리는 그것을 주변 환경에 대한 이상으로 경험한다.

한 학생이 있다. 이 학생은 논문만 제출하면 되는데도 완벽한 프레젠테이션을 해야 합격한다고 굳게 확신하고 있다. 그의 주장에 의하면, 교수가 논문만 요구하는 이유는 대부분의 학생이 실제로 논문을 완벽하게 완성하지 못한다고 여기기 때문이다. 논문을 작성하는 데 몹시 엄격한 조건이 적용되자 학생은 그제야 자신이 뭔가 잘못 이해한 것이 아닐까 생각한다. 그는 분명 자신의 이상적인 자아상을 교수와 자신의 학습 상황에 투사했던 것이다.

우리는 자신의 기준에 따라 스스로를 평가하기도 하지만 자신의 자아 개념을 확인하거나 변경하기 위해 다른 사람의 견해에도 관심을 가진다. 이를 통해 페르소나와 그림자가 모두 구성된다.

　주위 환경에 대한 이상 역시 복합적이다. 한편으로는 시대정신과 유행에 적응하는데, 말하자면 만들어진 시대정신이 가시화되는 것이다. 다른 한편으로는 어린 시절에 내재화한 기대를 주위 환경에 투사하기도 한다. 예를 들어 누군가가 "너는 이 상황을 절대로 감당할 수 없어"라고 말한다면, 이 문장은 '아버지 혹은 어머니의 문장'일 수 있고 우리가 아직 충분히 다루지 못한 아버지 혹은 어머니 콤플렉스와 관련될 수 있다.[8] 결과적으로 우리는 자신을 환경에 투사한다. 즉 환경이 우리가 어떻게 행동해야 하고 어떤 옷을 입어야 하는지를 정확하게 알려준다고 확신한다. 종종 우리는 이렇게 가정된 요구 사항을 충족하기 위해 많은 노력을 하지만 그렇다고 특별히 수용되거나 크게 관심받지는 못한다. 우리는 그저 오래된 이야기를 연기할 뿐이다. 부모의 명령은 아주 쉽게 페르소나적 태도로 이어진다.

　페르소나를 간단히 요약하면, 내면과 외부세계를 중재하는 심리적, 신체적, 사회적 태도이며, 루돌프 블로마이어 Rudolf Blomeyer가 설명했듯이 '가면'보다는 '얼굴'에 좀 더 가깝다.[9] 그렇기에 페르소나적 태도는, 비록 페르소나가 사회적 요구에 대한 적응을 나타내는 것이라 하더라도 우리의 근본적 본성에 깊게 부합하는 무언가를 표현해야 한다. 페르소나가 각색된 것이라 할지라도, 그런 일이 점점 더 빈번히 일어나고 있다고 할지라도, 한 사람의 '정체성' 같은 것은 여전히 내면과 외부세계에서 경험되고 어떤 변화에도 변함없이 유지된다. 따라서 대부분의 사람은 시간이나 상황에 따라 상대적으로 변화하지 않는다고 타인에게 인식된다.

아름다운 면과 그림자
\

사람들은 외부세계로 나갈 때 실제보다 더 아름답게 보이고 싶어 한다. 자발적으로 자신의 덜 아름다운 면을 보이려 하는 사람은 거의 없다. 거슬리는 점이라면 그런 면들이 여전히 눈에 보인다는 사실 뿐이다. 융은 1945년에 이렇게 설명했다. "거짓 베일이나 다른 은폐 수단 없이 현실과 마주할 때 (…) 인간은 있는 그대로의 모습으로 외부에 보이며 관습적인 적응의 가면 아래 숨겨져 있던 것, 즉 그림자를 드러낸다. 이것은 인식을 통해 자아에 통합되며, 이를 통해 전체성에 대한 접근이 이루어진다."[10]

융의 이론에서 거듭 발견되는 이런 발언은 때때로 페르

소나에 대해 나쁜 인상을 주기도 했다. 마치 인간이 자신의 그림자를 숨기기 위해 의식적으로 특정 페르소나를 선택하는 것처럼 이해되는 것이다. 물론 어떤 상황에서는 그럴 수 있다. 예를 들어 자신의 동성애를 받아들일 수 없는 한 남자는 동성애를 '어두운 것'으로 여기고 주변 사람들에게 이 사실이 알려지면 더 이상 살아갈 수 없을 것이라 확신해 자신을 엄청난 바람둥이로 가정한다. 이는 그림자를 숨기려고 의식적으로 페르소나를 선택하는 것이다. 그러나 우리는 때때로 자신의 페르소나를 이용해 특정한 어두운 면을 숨기려고 하지 않는다. 단지 가능한 한 자신이 아름답게 보이도록 노력하고, 주변 사람들에게 그런 면을 인정받기를 바란다. 그러면 자존감을 잘 유지할 수 있는 것이다.

  융의 그림자 이론에서 나에게 중요한 또 다른 지점이 있다. 1945년만 해도 융은 그림자가 통합될 수 있으며, 사람은 그림자를 통합함으로써 전체성에 더 가까이 갈 수 있다고 여겼다. 그림자는 인간에게 속해 있는 것이며, 인간은 억압된 것을 통합함으로써 자기 인격의 고유한 측면에 접근할 수 있다는 것이다. 하지만 그림자의 통합은 실제로 그림자가 온전히 통합될 수 있다는 사실을 전제로 하며, 더 이상 어떤 식으로든 그림자가 거부될 필요가 없다는 것을 의미한다. 나는 이런 주장이 다소 이상주의적이라고 생각한다. 물론 설득력 있는 가설이긴 하다. 이를 통해 우리는 삶의 여러 문제를 해결할 수 있기 때문이다. 그러나 실제 현실에서 이 이론은 인간의 본성과 거의 관련이 없다. 우리가 각자의 그림자를 자신의 별자리처럼 인식하고 받아들이며 이를 인정하고 책임지는 것이 훌륭한 행동이라고 생각한다.

그림자라는 개념은 널리 알려지고 받아들여지고 있지만, 편견으로 인해 오용될 수도 있다. 이 개념은 비윤리적인 행동의 핑계로 쓰이며 인간의 무수한 단점에 대한 설명이 될 수 있다. 또 불법적 행동의 허가증이 되기도 한다. 만약 누군가가 당신을 속이려 한다고 가정해보자. 당신이 그 사람을 붙잡았을 때, 그는 자신의 잘못을 인정한 뒤 이렇게 말한다. "나는 그저 내 그림자 옆에 서 있을 뿐이다." 하지만 그 사람이 자신의 사악한 그림자를 알고 있다고 해서 그 그림자 속에서 살 권리까지 얻는 것은 아니다. 한편 정신분석학계도 책임의 원칙에 대해 다시 논의하고 있다.

그림자와의 즐거운 동일시는 인간 삶의 즐거운 측면이 얼마나 많이 억압되어 있는지, 그리고 그 억압이 얼마나 삶을 빈곤하게 하고 사람을 병들게 하는지가 정신분석을 통해 분명해짐으로써 나타난 결과이기도 하다. '억압된 것의 귀환'

은 정신분석학에 의해 공식적으로 인정되었는데, 이는 특히 성적인 해방에서 두드러졌고 곧 정신분석이 부도덕한 행동을 조장한다는 비난을 불러왔다.

그림자를 통합한다는 것은 아무런 제약 없이 그림자 그대로 살아가는 것을 의미하지 않는다. 그건 크나큰 오해다. 따라서 오늘날의 저자들은 일반적으로 '그림자의 통합'보다 '그림자의 수용'에 대해 더 많이 언급한다. 이를 통해 그들은 새로운 빛이 항상 새로운 그림자를 만들어낸다는 본래의 역동적인 그림자 개념에 더 충실하려 한다.

그림자의 수용이란, 특정 상황에서 자기 행동의 그림자 특성을 인식하고, 필요하다면 꿈을 통한 중재로 행동을 바로잡는 것을 의미한다. 하지만 만약 우리가 그 그림자 측면을 온전히 살아내거나 다른 이와의 관계에 적용한다면 어떤 의미가 있을지, 특정한 그림자 측면을 살아내는 것이 어떤 결과를 가져올지 항상 자문하는 것을 의미하기도 한다. 우리는 자신의 그림자뿐 아니라 다른 사람의 그림자와 관련해 그림자에 대한 민감성을 길러야 한다. 그림자를 수용하고 그림자에 대한 민감성을 키우면 자신을 더욱 이해할 수 있고, 자신과 타인에게 관대해지며, 위선이 줄어든다.

02

우리 안의 그림자

그림자는 그 내용으로 정의되지 않는다.[1] 우리가 받아들일 수 없거나 아직 받아들일 수 없는 모든 것이 그림자가 될 수 있다.[2]

우리가 개인적인 그림자를 언급할 때는 자신이 인식하고 감지하는 그림자의 모든 부분에 관해 이야기한다. 그렇기에 사람들은 자신이 싫어하는 것이 무엇인지 쉽게 표현할 수 있다. 자신이 싫어할 만한 것은 늘 자신의 그림자로 향하게 하는 것이다. 예를 들면 오래된 계획 엎기, 이기주의, 복종, 관능적 욕망의 지배, 소유욕 등이다. 우리는 '그림자'라는 단어를 사용해 특히 현재와 관련 있는 그림자의 구성 요소를 설명할 수 있다. 하지만 우리에게는 항상 숨겨져 있는 그림자 측면도 있다.

특히 꿈을 통해 우리는 미처 알지 못했던 그림자 측면을 깨달을 수 있다.

> 몇 주 동안 귀가 찢어진 남자들이 등장하는 꿈을 꾸는 남자가 있었다. 그 꿈이 인생의 어떤 구체적 상황에서 자신의 '교활함'을 가리킨다는 사실을 깨달았을 때—그는 자신을 매우 솔직한 사람으로 여겼고 자신이 다른 사람을 이용한다는 생각 자체를 하지 않았기 때문에 이 점은 그에게 아주 당혹스러웠다—그는 더 이상 그 꿈을 꾸지 않게 되었다. 해당 심리치료에서는 교활함을 계속 다루긴 했지만 다른 심리적 측면 역시 중요하게 다루었다.

우리의 그림자는 매우 곤혹스러운 것이다. 우리는 자신의 자아이상과 일치하지 않는 행동을 하다가 들키면 수치심을 느낀다. 그렇기 때문에 다른 사람에게 그림자를 투사하고, 그에게서 그림자를 보는 경향이 있다. 타인을 희생양으로 만드는 것이다. 누군가가 우리를 짜증 나게 한다면, 그것은 그들이 우리 자신의 그림자와 얽혀 있거나 적어도 어떤 연관이 있기 때문이다.

우리는 자신의 그림자 측면에 대해서는 아는 범위 안에서 이야기할 수 있지만 다른 사람의 그림자에 무엇이 담겨 있는지는 확실하게 판단할 수 없다. 어떤 이의 이상을 알면 그 이상을 통해 무엇이 배제되었는지 추측할 수 있고, 따라서 그림자가 뭔지도 짐작할 수 있다. 특히 공동생활에서 이런 점을 분명히 확인할 수 있다. 예를 들어 스스로를 특별히 관대한 사람이라 여기는 배우자를 둔 누군가는 그 배우자가 가진 '인색함의 그림자'로 고통받을 수 있다. 또한 평화를 사랑하는 사람이라 해도 때때로 그의 그림자 속에 평화롭지 못한 면이 있는 법이다. 이런 사람은 우리가 더욱더 평화를 사랑해야 한다는 주장을 아주 공격적인 방식으로 할 수 있다.

하지만 한 사람의 그림자에는 다른 이의 눈에는 결코 보이지 않는 '그림자 특성'이 있을 수 있다.

집 안을 강박적으로 정리정돈하는 여성이 있다. 이 여성은 겉으로는 지나치게 깔끔함에 신경 쓰는 것처럼 보인다. 하지만 그녀는 이런 행동으로 자신의 혼란스러운 그림자를 통제한다. 그녀는 질서를 매우 중요하게 여기는데, 무의식적으로 자신이 더 이상 혼란에 대처하지 못할 것 같은 두려움을 가지고 있기 때문이다. 이는 집 안의 무질서에 대한 두려움일 뿐 아니라 인생에서 혼란스러울 수 있는 모든 것에 대한 두려움이다. 그녀는 이 두려움을 집 안에 투사하고 집

안에서 그 두려움을 다스린다. 하지만 주변 사람들은 보통 혼란에 대한 그런 두려움과 거부감을 별로 느끼지 못한다.

그림자 자체를 명확하고 적확하게 나타내는 상징은 없다. 맥락상 그 그림자의 특성이 나타날 뿐이다. 만약 누군가가 사소한 특정 행동을 거부하거나 꿈속 등장인물의 두드러진 특징을 도저히 받아들일 수 없다면, 우리는 그 뒤에 그림자 측면이 있다고 짐작할 수 있다. 꿈이나 현실에서 우리가 그림자를 투사하는 그림자 인물은 보통 억압된 성격 특성 하나를 의미하는 것이 아니라 억압된 것의 전체 영역을 가리킨다.

흥미로운 타인의 그림자
\

대부분의 사람은 '보통의' 사람들보다 더 많은 것을 누리는 사람들의 삶에 큰 관심을 가진다. 특히 통속적인 대중매체는 미인이나 부자, 유명인의 모습을 보여주는 것을 좋아한다. 대체로 성적인 관계와 관련된 방탕한 생활을 다루지만 때로는 범죄에 빠지는 내용도 다룬다. 특히나 이런 맥락에서는 여전히 이 세상에 존재하고 있는 왕족과 귀족, 사제와 주교, 목사, 수녀 등이 흥미를 끈다.

　완벽한 페르소나를 보여야 한다는 사회적 압박을 많이 받는 사람일수록, 그 사람의 그림자를 발견하는 일은 흥미롭다. 정치인처럼 권력을 지닌 사람들 역시 수많은 눈이 지켜보는 중이다. 바로 그 '사람'이 하지 않는 일을 어디서 볼 수 있을까 하고 말이다.

　타인의 그림자를 밝은 곳으로 끄집어내는 일에 큰 즐거움을 느끼는 사람들이 있다. 어쩌면 당신도 그림자 염탐꾼일 수 있다. 이런 사람들은 자신의 폭로가 단지 대중을 위한 선의의 발로라고 주장할 것이다. 그들은 자신이 끄집어낸 사실에 많은 사람이 관심을 가진다는 사실이 이 주장을 뒷받침한다고 생각한다. 아무도 그 이야기를 읽지 않는다면, 애초에 그 이야기는 쓰이지 않았을 것이기 때문이다.

　한 집단에서 다른 소수의 집단, 즉 다른 가치관을 가진 사람들에 관해 이야기한다면, 그리고 그 구성원의 관점에서 볼 때 소수 집단의 그림자 측면인 비양심적인 부분을 발견하게 된다면 그들에 관한 토론은 아주 활발해진다. 이렇게 그림자에 숨겨진 부적절함과 수치심은 종종 살아 있는 것이기도 하다. 그리고 겉으로 보기에 가장 흥미로운 점은 사람의 인격을 형성하는 것들이다.

그렇기에 사회 통념상 받아들여지지 않는 방식으로는 살아갈 수 없는 사람들은 어두운 그림자의 한 부분을 다른 사람들에게 위임하고, 그것을 건너다보며 은밀하게 즐긴 다음 비난한다. "저 왕족들은 대체 또 뭘 하려는 거지?" 이런 말들을 하면—적어도 상상 속에서—그들은 결과를 직접 겪지 않고도 그림자를 즐기면서 도덕적 우월감을 느낄 수 있다. 정신적 관음증에 걸린 것처럼 간접적인 그림자의 삶을 사는 것이다. 이러면 물에 젖지 않고 수영하는 것처럼, 그림자와의 접촉도 해롭지 않다. 하지만 그림자의 삶—어느 정도 통제된—에서 오는 활력은 경험할 수 없다. 그림자는 우리의 인생 안에 얽혀 있으며, 이로 인해 심리적, 물질적 비용이 든다.

지나치게 이상화된 사람들의 그림자를 보는 것은 종종 도움이 된다. 아마도 이상화가 덜 아름다운 면을 숨기는 데 도움이 되었을 수 있다. 어두운 면을 발견함으로써 사람은 덜 이상적이고, 더 현실적이게 된다. 그래서 위대한 심리학자들의 그림자도 한동안 관심의 대상이 되기도 했다. 당연한 일이다. 그렇지 않으면 자신들의 이론에 그 어떤 오류도 없다고 확신할 위험이 있는 데다 자기 그림자가 투사된 다른 이론들과 학파들에 문제가 있다고 생각하고 그에 맞서 문제를 제기하고 싸울 수 있기 때문이다. 누구도 온전한 진실을 알고 있지 않은 데도 말이다.

우리의 '위대한' 사람들이 더 이상 이상적이지 않다면, 우리의 권위자들 그리고 종종 실제 부모 또는 상징적인 부모 역시 이상적이지 않다면, 우리는 그 이상향을 상실한 것에 대해 슬퍼한다. 하지만 이런 과정을 통해 우리는 창의성의 길로 나아가고, 자기 삶을 꾸리기 위한 책임감도 느끼게 된다. 훌륭한 거장들을 절대적 권위자로 여기는 한, 우리의 창의성은 억제되기 때문이다. 그렇기에 위대한 사람들의 그림자를 살펴보는 것은 매우 유용한 일이며, 특히 각각의 심리학적 개념의 그림자를 살펴보는 일은 더욱더 그렇다. 예를 들어 평등을 추구하는 방식은 그 그림자에 파시스트적 잠재력이 존재하며 이 잠재력은 그 영향력의 측면에서 계속해서 재검토되어야 한다.

유감스럽게도 그림자 폭로는 학문을 발전시키기 위해 일어나는 것이 아니라 오히려 경쟁을 이유로 일어난다. 말하자면 사람들은 다른 사람이 자신보다 더 성공하고 중요한 사람이라는 사실을 참을 수 없기 때문에 그의 그림자를 밝은 곳으로 끄집어낸다. 그것은 스스로가 덜 성공했다는 사실을 인정하는 일이지만, 도덕적으로 더 설득력 있는 것처럼 보이기도 한다. 사람들은 그림자 명예훼손을 통해 자신의 가치를 확신한다. 그러나 자신의 그림자에 집중하는 것이 더 합리적일 것이다. 조화로운 방식으로 그림자와 함께한다면 자존감이 훨씬 높아질 수 있다. 그럼에도 성공을 이룬 타인, 아름다운 타인의 그림자는 우리에게 더 흥미롭고, 그것은 우리 스스로도 놀랄 정도로 우리를 선동한다.

불쾌한 나의 그림자
\

타인의 그림자는 흥미롭지만 나의 그림자는 부끄럽고 불쾌한 존재다.

우리는 간단한 질문을 통해 현재 우리 자신의 그림자를 어느 범위까지 허용할 수 있는지 알 수 있다. 우리는 우리를 부끄럽게 하는 실수를 인정할 수 있는가? 아니면 다른 좋은 변명거리가 있는가? 만약의 경우를 대비해 좋은 핑곗거리를 모으고 있는가? 우리는 아주 뚜렷하고 지속적이며, 참을 수 없을 정도로 싫어하는 타인의 특성을 가지고 있는가?

우리가 인정하기 싫은 그림자 측면은 타인에게서 발견될 수 있다. 때로는 별다른 말이나 행동도 하지 않는 사람들에게 참을 수 없는 분노와 적대감을 느끼곤 한다. 그들은, 우리에게 존재하지만 우리가 감히 살아내지 못하고 투사할 뿐인 그림자의 한 부분을 구체화한 것일 수 있다.

그림자는 꿈에도 나타난다. 꿈에는 우리가 절대 받아들일 수 없을 정도로 끔찍하게 여기는 인물들이 등장하기도 한다. 그런 꿈속 인물들을 어떻게 받아들여야 할까? 그들을 빨리 잊어버리는가, 아니면 오랫동안 그들에 대해 생각하는가? 인생에서 어떤 점들이 그들과 연관되는지 알아보려고 노력하는가? 혹은 그림자 속에 큰 보물이 숨겨져 있을 수 있다는 생각으로 그 어둠의 인물을 빛의 전달자로 여기는가?

그리고 또 하나, 이미 본보기로 삼을 만한 그림자를 가지고 있는가? 요즘 사람들은 대부분 자신에게 그림자가 있다는 사실을 알고 있다. 또 과거보다 훨씬 더 많은 실수를 저지르면서도 종종 그 실수들을 최대한 책임지지 않으려고 한다. 그들은 자신의 그림자 옆에 서 있어야 한다는 것을 알고 있다. 그렇기에 쉽게 인정할 수 있고 그다지 부끄럽지도 않은, 늘 한 번에 알아볼 수 있는 그림자인 '쇼윈도 그림자'를 가진 사람들이 있다.

겉으로 드러난 그림자를 제외하면, 일상의 그림자는 대부분 억압되어 있으며 개인의 무의식 속에 담겨 있다.[3] 우리는 우리의 자아이상과 추측할 수 있거나 확인할 수 있는 이상향에 부합하지 않는 것을 억압한다. 억압된 그림자 측면은 무의식과 합쳐져 그림자 콤플렉스를 형성한다. 그렇기에 심리치료에서 분석 기술은 매우 중요하다. 콤플렉스로 합쳐진 것들은 개별적인 측면들로 나뉘어야 하는데, 우리 인생에서 그 중요함을 인식할 수 있는 것은 개별적인 그림자 측면들뿐이고, 오직 그 부분의 결과만을 우리가 감당할 수 있기 때문이다. 만약 우리가 스스로 그림자 속에 완전히 갇혔다고 느끼게 되면, 그림자가 너무 압도적인 존재가 되고 크게 확산되어 그것을 통제할 수 없다. 하지만 개별적 그림자를 통한 경험을 정확하게 설명할 수 있으면 그것을 통제하고 다루는 법을 배우는 것이 가능해진다.

그림자 방어하기
\

앞서 언급했듯이, 우리는 억압된 그림자를 외부로 투사하는 경우가 많으며 그 결과 투사된 사람이 그 그림자를 떠안게 된다. 알려지지 않은 우리 자신의 그림자는 늘 낯설기 때문에 그림자 투사는 주변 상황을 낯설고 기분 나쁜 우리 자신의 얼굴로 변형시킨다. 위협의 방식은 우리가 투사하는 그림자의 양상에 따라 달라진다. 예를 들어 공격적인 그림자가 있다면 우리는 갑자기 공격적인 세상에 둘러싸여 위협을 느끼게 된다. 또 권력의 그림자를 억압하면 갑자기 위압적인 사람들에게 에워싸이게 된다. 만약 금전 욕구를 억압하면 돈으로 우리를 좌지우지하려는 사람들에게 둘러싸이게 되고, 자신이 금전만능주의와 부정부패의 한가운데에 있다고 생각할 것이다.

그림자 투사는 심각한 결과를 불러온다. 이것은 본질적으로 우리가 충분한 영향력을 행사할 수 없는 타인과 연관된 문제이기 때문에 우리는 이 문제를 더 이상 건설적인 방법으로 다룰 수 없다. 두려움과 공격이 꼬리에 꼬리를 물고 이어지며,[4] 피해자와 공격자가 번갈아 나타나는 역학 작용이 벌어진다. 그림자를 투사함으로써 우리는 그림자를 진 인물의 희생자로 우리 자신을 경험하고, 이로써 더 이상 우리 삶을 자율적으로 설계할 수 없게 된다.[5] 피해자 역할은 큰 두려움을 일으키고 유의미한 토론을 방해한다. 따라서 그림자를 통한 발전의 자극도 얻지 못한다.

우리가 주변 사람에게 그림자를 위임하면, 그 사람이 그 그림자 측면을 실제로 살아가게 된다. 가족을 예로 들면, 가족 구성원 중에 상대적으로 다른 사람들에 비해 자주 짜증을 내는 사람이 있을 것이다. 그가 있을 때는 다른 가족들이 평화롭고 자기 통제력이 강하다고 여겨질 수 있다. 그러나 분노를 억제하지 못하고 표출하는 사람이 없다면, 평화롭던 가정은 갑자기 더 이상 평화롭지 않게 된다.

부정적으로 여겨지는 자신의 성격 특성을 알고 있는 사람은 그 그림자를 반대로 바꿀 수 있다. 이 역시 방어의 한 형태다. 예를 들어 누군가가 스스로 매우 권위적이라는 사실을 알고 있다면 그는 이것을 그림자 특성으로 간주하고, 주변 사람들도 그런 태도는 오늘날에는 절대 용납되지 않는다고 그에게 알려준다. 그러면 그는 그것을 ― 반대로 뒤집어서 ― 과장하여 인식하는 것이다. 하지만 이렇게 되면 다른 사람들을 성가시게 할 수 있는데, 의사소통에서 이런 형태의 그림자 방어는 이중 메시지 역할을 하기 때문이다. 그는 의식적인 차원에서는 우호적인 질문을 하고 상대방이 의견을 이야기하도록 격려하며 어떤 결정이 어떤 결과를 가져올지 인내심 있게 설명한다. 하지만 동시에 그가 대화를 얼른 끝내고 자신이 직접 결정 내리고 싶어 한다는 것을 상대방이 알아챌 수 있으며, 이는 신체 언어를 통해서도 전달된다. 우리는 무엇을 파악해야 하는가? 말로 표현된 것인가, 아니면 그 너머에 존재하기는 하지만 절대 표현되어서는 안 되는 무엇인가?

일반적으로 그림자 방어는 완벽히 성공하지 못한다. 방어자의 입장에서는 그림자가 실제로 감춰진다고 믿을 수 있겠지만, 대체로 타인은 그것을 보거나 조작할 수 있다. 따라서 우리가 처음부터 그림자를 고려한다면 많은 노력을 아낄 수 있을 것이다.

도플갱어
\

이제 방어의 한 형태인 도플갱어에 대해 살펴보고자 한다. 오토 랑크Otto Rank는 1919년에 이 주제에 관한 정신분석 연구를 발표했다.[6] 여기서는 이 연구의 특정 부분만 언급하려 한다. 바로 실제 그림자 특성을 지닌 섬뜩한 도플갱어에 대해서 말이다.

이 현상의 기원에 대해 랑크는 설득력 있는 설명을 제시했다. 사람들은 죄책감을 느끼는 일을 반복적으로 저지른다는 것인데, 나는 여기에 수치심을 추가하려 한다. 죄책감에 더해 수치심을 느끼고 죄책감과 수치심이 어느 정도에 이르면 자아는 더 이상 그 행동에 책임을 질 수 없다. 결코 받아들일 수 없는 것은 분리되기에 이르고 이 분리를 통해 일종의 두 번째 자아, 때때로 진짜 악마인 도플갱어가 만들어진다. 분리로 인해 한 자아는 다른 자아의 행동을 전혀 알지 못하고, 그래서 그에 대한 책임감도 느끼지 못한다. 분리된 것은 더 이상 자신의 인격에 속하는 것으로 여겨지지 않고 잊히지만, 마치 '다른' 사람처럼 자신의 일상생활에 영향을 끼친다. 이 말의 의미는, 실제로 비난받을 만한 일, 수치심을 느끼는 일 혹은 죄책감을 느끼는 일을 저지를 수 있지만, 그럼에도 불구하고 자신이 완벽하게 이상적인 사람이라고 확신할 수도 있다는 것이다.

랑크는 자신의 연구에서 문학작품, 특히 낭만주의 문학작품들을 검토했다. 도플갱어의 모티브는 앞에서 언급한 로버트 루이스 스티븐슨의 소설 『지킬 박사와 하이드 씨의 기이한 사건』으로 잘 알려져 있다. 낮에는 교양 넘치는 자선가이자 과학자인 지킬 박사가 밤에는 왜소하고 사악한 사람으로 변신한다. 밤의 어둠 속에서 포악을 부리는 잔인한 범죄자가 되는 것이다. 아델베르트 폰 샤미소Adelbert von Chamisso 역시 아주 인상적인 도플갱어 이야기를 들려준다. 그의 소설에서 어느 날 페터 슐레밀이라는 인물이 술을 마시고 집에 돌아왔는데 안락의자에 누군가가 이미 앉아 있었던 것이다. 그리고 그들은 진짜 슐레밀이 누구인지를 두고 치열하게 논쟁을 벌인다. 물론 지나치게 술에 취해 헛것을 보았을 수도 있겠지만 가장 흥미로운 질문은 바로 이것이다. 누가 진짜 슐레밀인가?

랑크는 또 도스토옙스키의 소설 『카라마조프 가의 형제들』 중 한 장면을 예로 들었다. 우리는 이 문학적인 예시에서 분리된 그림자에 대해 많은 것을 배울 수 있다. 이반 카라마조프가 미쳐가기 전, 악마가 그에게 나타나 자신이 이반의 쌍둥이라고 밝히는 장면이다. 어느 날 저녁, 이반이 늦게 귀가했는데 낯선 남자가 그의 방으로 들어와 그가 어릴 때 생각했었지만 잊고 있었던 이야기를 들려준다. 이반은 이 남자를 실재하는 인물로 인정하기를 주저한다. "나는 단 한 순간도 당신을 실재로 받아들이지 않아. 당신은 거짓이고, 질병이고, 환상이야. 당신을 어떻게 물리쳐야 할지 모르겠지만, 당신은 내 환각이야. 당신은 그저 나의 한 부분, (…) 그러나 가장 끔찍하고 어리석은 내 생각과 감정의 한 부분만 구체화한 것이지. 내가 이미 오래전에 극복한 것들, 내가 이미 오래전에 다른 의견을 가지게 된 것들, (…) 그 모든 것을 마치 새로운 것인 양 당신은 나에게 전해주지. 단지 얼굴이 다를 뿐 당신이 바로 나 자신이고, 당신은 정확하게 내가 생각하는 것을 말하고 있어."[7]

이 장면에서 우리는 도플갱어가 되는 그림자의 정의를 찾아볼 수 있다. 도플갱어는 나의 한 부분, 나의 생각과 감정을 구체화한 것인데 다만 가장 끔찍하고 어리석은 부분을 드러낸다. 여기서 그림자는 시간이 지날수록 일반화된 개별적인 어두운 생각과 감정의 집합체라는 점이 분명해진다. 이 그림자 집합처 안에서는 이미 사라진 것들도 발견되는데, 특히 내가 잘못을 저질렀거나 수치심을 느껴 잊고 싶었던 것들이라 할 수 있다.

그림자가 너무 강하게 분리되어 도플갱어가 생겨난 사람은 항상 이중생활을 하게 된다. 이 도플갱어는 자신의 의지에 따라 행동하기 때문에 몹시 이상하게 느껴진다. 나의 자아는 더 이상 도플갱어에게 힘을 행사할 수 없고 오히려 그것에게 억압받는다고 느낀다. 이렇게 되면 우리가 자신에 대해 거부하는 모든 것이 외부에서 우리에게 다가와 괴롭힌다. 내부의 갈등이 외부에서 괴롭히는 것이다. 특히 공격성과 파괴적 성향이 함께 투사되면, 그 그림자가 다른 사람에게 투사되고 위임되면서 편집증에 시달릴 수도 있다.

문학작품에서는 도플갱어 그림자를 가진 사람이나 도플갱어가 스스로 목숨을 끊으면서 이야기가 끝나는 경우가 대부분이다. 우리는 이것을 하나의 상징적 의미로 이해할 수 있다. 그렇게나 심한 분리가 일어나면 그 분리된 것들이 자율적으로 합쳐지는 것은 사실상 불가능한 것이다. 이런 상황은 피해야 하며 이런 방식으로 그림자를 다루어서는 안 된다.

더불어 사랑에 빠진 순간에는 어떤 도플갱어라 할지라도 좌절을 겪는데, 사랑은 그 사람의 온전한 전체를 요구하기 때문이다. 인생의 동반자가 어떤 때는 이 인격을 사랑하고 또 어떤 때는 그 반대의 인격을 사랑할 수는 없다. 도플갱어는 혼란을 조장하지, 사랑을 장려하지는 않는다. 랑크에 따르면 이들은 자아이상으로부터 결코 자신을 분리하지 않기 때문에 사랑을 할 수 없다.

낭만주의 문학에는 왜 그렇게 많은 도플갱어가 등장하는 걸까? 랑크는 그 원인을 극도로 예민한 작가들에게서 찾는다. 그것도 한 원인일 수 있지만, 나는 그런 주제가 빈번하게 등장하는 데는 또 다른 원인이 있다고 생각한다. 당시 작가들은 그림자에 민감했고, 높은 도덕적 기준을 유지하려고 하면서도 관습 밖에서 쾌락의 원칙에 다라 살고 싶은 욕구가 강했을 것이다.

그림자 형제 혹은 자매
\

 손쉽게 적대적 이미지를 만들어내고 사람들을 희생양으로 삼는 그림자 투사 행위는 종종 가정에서 시작된다. 많은 가정에는 소위 '검은 양'(보통 양은 흰색 털을 가지고 있으므로 검은색 털을 가진 양은 어떤 집단 내의 이질적인 존재, 환영받지 못하는 존재를 의미한다. 특히 가족 내에서 검은 양이라는 표현은 가족 구성원의 환영을 받지 못하는 천덕꾸러기 같은 존재를 뜻한다—옮긴이)이 있고, 그런 존재가 없다면 가족들은 다른 사람을 검은 양으로 만든다. 가족들은 이런 사실을 두고 침묵을 지키거나 아주 비밀스럽게 이야기를 나눈다. 검은 양은 때로는 경고의 예가 되기도 하는데, "계속 이렇게 게으름을 피우면 빈민굴에서 죽어버린 ××삼촌처럼 될 줄 알아!"라고 말하는 식이다. 이런 검은 양들이 대부분 외부인이라는 점이 흥미롭다. 그들은 어떤 '삶의 방식'을 가진 사람들로 표현된다. 눈에 띄지 않는 다른 사람들은 실제로 흥미로운 인생을 살아가지도 않고, '삶의 방식'도 없는 것처럼 보인다.

 한 여성은 어머니가 자주 우울해했으며, 가라앉은 기분으로 식탁에 앉아서는 '허공을 멍하니 바라보곤' 했고 옷차림

역시 전혀 신경 쓰지 않았다고 기억한다. 하지만 누군가가 집 앞에 찾아오면, 어머니는 재빨리 깨끗한 앞치마를 두르고 다정하게 웃는 얼굴을 세팅한 다음—받아들여질 법한 페르소나로—친절하게 문을 열었다.

이 어머니에게는 '삶의 방식'을 가진 그림자 자매가 있었다. '삶의 방식'이라는 단어는 자녀들에게 큰 상상력을 불러일으켰다. 그들의 기억 속에 이모는 늘 커다란 붉은 모자를 쓰고, '기막힐 정도로' 눈에 띄는 옷을 입고, 건강에 좋지 않은 음식을 먹으라고 꼬드겼으며, 아직 영화관이나 공연장이 흔하지 않던 시절에 아이들을 그런 곳에 데려갔다. 그녀는 늘 '어른들'의 반대에도 우아하게 자신의 주장을 펼쳤다. 어머니와 이모는 서로를 거부했고, 각자 서로에게 받아들여질 수 없는 삶의 영역을 차지하고 있었다. 만약 두 사람이 서로에게서 무언가를 받아들였다면 두 사람 모두 더 수월하고 다채로운 삶을 살았을 것이다.

우리 대부분은 그림자 형제 혹은 자매에 대해 잘 알고 있으며 그들이 반드시 친형제, 친자매일 필요는 없다. 이런 그림자 형제 혹은 자매의 관계는 사실 위험하다. 그림자 인물로서의 인간은 그림자의 투사 뒤에 있는 자신의 존재를 더 이상 인식할 수 없기 때문에 개성을 잃게 된다. 형제자매는 더 이상 우리와 같은 사람이 아니며, 우리와 소통할 수 있거나 대결해야 하는 존재도 아니다. 그들을 감정 없는 물건처럼 취급하는 일종의 사물화가 진행되는 것이다. 이로써 파괴의 문이 열리고 만다.[8]

그림자 형제 혹은 자매는 신화에서도 발견되는 원초적인 주제다. 예를 들어 성경에 나오는 카인과 아벨, 수메르 신화에 등장하는 길가메시와 엔키두는 그림자 형제이고, 하늘의 여신 인안나와 지하 세계의 여신 에레슈키갈은 그림자 자매다.

그러나 우리는 신화뿐 아니라 가정 밖의 일상사에서도 그들을 만난다. 누군가가 우리의 그림자를 정확히 구현할 때 서로의 관계에서 독특한 역학 구조가 발생하는데, 우리는 무관심을 넘어 아주 극심한 거부감을 갖게 된다. 그럼에도 계속 서로 충돌하고 피할 수 없으며, 대부분의 경우 서로를 꺼리면서도 상대방이 자신에게 관심이 있다는 것을 느낀다. 그림자 동료들이 서로 대립하는 상황이 되면 보통은 다른 선택의 여지가 없기 때문에 그들은 결국 친구가 된다. 그들은 상대방이 자신과 정반대되는 가치를 대변한다는 사실을 받아들이게 되며, 그림자를 폄하하지 않고 수용하는 법을 배운다.

일상의 그림자
\

 대체로 우리가 그림자를 강력히 거부하는 이유는 우리의 명예가 파괴되고 자기애가 무너지는 것이 두렵기 때문이다. 그림자 앞에 똑바로 설 수 없고, 그림자를 숨기거나 부정하려 한다면 다른 이의 조종과 협박에 추악해질 수밖에 없다. 이런 상황은 범죄소설의 주된 소재이기도 하다. 어떤 사람에게 매우 치명적인 사진을 찍은 뒤, 그 사람의 배우자, 연인, 고용인, 언론 등에 사진을 공개하겠다고 협박한다. 사람들이 비밀을 알게 되면 이 사람은 큰 상처와 피해를 입는다. 이런 일이 일어나는 것을 막기 위해, 또 은밀한 행위가 대중에게 알려지는 것을 막기 위해, 사람들은 협박당하고 돈을 갈취당하기를 반복하며 점점 절망스러운 상황에 몰리다가 결국 절박한 행동을 취하게 된다.

 우리가 우리의 그림자 행동을 대면하지 못하면 다른 사람이 우리를 통제하고 위협하여 겁에 질리게 할 수 있다. 우리에게 권력을 행사하는 것이다. 탈출구는 오직 하나뿐이다. 그림자 행동을 직면하고 인정해야 한다. 말하자면 그 그림자에 대해 책임을 져야 한다. 그림자를 수용하면 우리는 더 자신감 넘치고 진실해지며 우리 자신의 정체성과 더 가까워지지만 동시에 더 평범해지기도 한다. 더 이상 훌륭하고 뛰어난 인간이 아니라 다른 사람들과 마찬가지로 자신을 괴롭히는 그림자를 가진 평범한 사람이 되는 것이다.

우리 문화에서는 많은 감각적, 생동적, 열정적 측면이 억압되어 그림자 측면으로 바뀌기도 한다. 이런 것들이 받아들여진다면 우리는 훨씬 더 활기찬 삶을 살 것이다. 하지만 대부분의 경우 우리의 그림자 속에 숨겨져 있는 활력은 우리가 평소 살아보고 싶었던 것, 별다른 문제가 없는 열정, 사회적으로 용납되는 열정이 아니라 어쩌면 '최소한'의 목표를 가진 의심스러운 열정이다. 그림자는 언제나 놀라움을 주며 그 안에 무엇이 있는지 예측하는 것은 절대 불가능하다. 그렇기 때문에 그것을 받아들이기 힘든 것이다.

자신의 그림자를 받아들일 수 있으면, 자신감이 커지고 정체성이 견고해질 뿐 아니라 상처를 덜 입기 때문에 자존감에 대한 의구심도 줄어든다. 자신의 그림자를 안다면, 다른 사람의 그림자에 대해서도 생각할 수 있고 사람들 사이의 악에 대한 상상력을 키울 수도 있다. 이것은 사람이 선하지 않다거나 애초부터 선할 것이라고 여기는 것이 아니라, 오히려 그림자와 함께하고 있음에도 불구하고 선을 위해 노력한다고 여기는 것이다.

꿈이나 상상 속에서 처음에는 우리가 배척해서 이후 우리에게 공격적이고 적대적이었던 인물들도 우리와 담판을 지은 후에는 우리에게 도움을 주는 존재가 되는 경우가 많다. 그림자는—더 이상 억압되지 않고, 더 이상 투사되지 않고, 오히려 충분히 받아들여진다면—그것으로 하나의 힘이 된다. 우리가 더 이상 투사의 희생자가 아니기 때문일 뿐 아니라, 그림자 속에 숨겨져 있던 활력을 활용하게 되고 그 관계가 더 개방적으로 변해 두려움이 덜해지기 때문이다.

그렇기에 우리 삶과 다른 사람들의 삶에 미치는 나쁜 결과와 좋은 결과를 통해, 그림자는 보여야 하며 우리 삶의 고유한 가능성으로서 감정적으로나 의식적으로 경험되어야 한다. 이로써 우리는 진실한 감정과 일치감을 새롭게 느끼지만, 반면에 자신이 원하는 사람이 될 수 없다는 사실에 슬퍼지기도 한다. 여기서 새로운 진정성이 생겨난다. 우리는 완벽한 사람이라는 자아상을 희생해야 하지만 대신 더 솔직하고 활기찬 사람이 되는 것이다.

꿈은 우리와 그림자의 면모를 더 가깝게 해주는 경우가 많다—반면에 종종 행복하게 잊히기도 한다. 그림자는 그 내용으로 확인되지 않기 때문에 종종 그림자를 암시하는 것은 특정 인물이 아니라 어떤 맥락인 경우가 많다. 연상과 감정을 통해 우리는 그 꿈이 그림자에 관한 꿈이라는 것을 알 수 있다. 어느 28세 여성의 꿈 이야기를 들어보자.

> "전 또다시 이상한 꿈을 꾸었어요. 어둠의 부인을 만나요. 그녀는 아주 화려하게 차려입고, 반짝이는 천사처럼 화장을 하고, 탈색한 듯한 금발을 하고 있어요. 저는 그녀를 마주치지 않으려면 어떤 길을 골라야 할까 고민해요. 하지만 그녀는 제 계획을 미리 알고 있는 것처럼 보여요. 그래서 늘 우리가 만날 수 있는 시간에 정확하게 나타나지요. 그러다가 저는 몹시 화난 상태로 잠에서 깨어나요. 그날 하루는 엉망이 되어버리고요."

이 꿈과 연관되는 분명한 감정 중 하나는 분노다. 꿈에 대해 나눈 대화에서—대화를 통해 꿈은 '고전적' 해석보다 훨씬 더 명확해지는 경우가 흔하다—꿈을 꾼 여성은 이 인물이 분노뿐 아니라 혐오감과도 연관된다고 덧붙였다. 어둠의 부인은 꿈을 꾼 여성만 아는 사람이고 오직 꿈에서만 어둠의 부인이라 불리지만, 실제로 매우 흔한 이름이기도 하다('어둠의 부인'의 원문은 'Frau Dunkel'로, 독일어에서 'Frau'는 여성에게 붙이는 존칭이며, 'Dunkel'은 어둠을 의미한다. 하지만 'Dunkel'이라는 단어는 실제로 독일에서 성으로 흔하게 쓰이기도 하고 흑맥주를 의미하기도 하는 등 일상적인 느낌이 있다—옮긴이). 왜 이름이 어둠의 부인일까? 꿈을 꾼 여성은 이 이름이 그럴듯하다고 여긴다. 그 부인은 모든 것을 '더 어둡게' 만드는 경향이 있고 그녀와 함께 있을 때는 무엇이 어떻게 돌아가는지 절대 알 수 없어서다. 어둠의 부인에게 문제가 있을 경우, 그녀는 어떤 식으로 대화를 이끌어가야 자신이 아니라 꿈꾼 사람에게 문제가 있다는 인상을 줄 수 있는지를 알고 있었다. 그리고 자신에게 감사하는 태도를 취해야 한다는 점도 알게 했다. 이런 설명과 비슷한 이야기를 떠올릴수록 꿈을 꾼 여성은 점점 더 불안해진다.

"왜 그런 빛나는 천사 같은 모습을 하고 있는 거지요?" 꿈을 꾼 여성은 처음에는 당황했다. 어둠의 부인은 실제로 외모가 괜찮았고 화장이 과할지는 몰라도 저속해 보이지는 않았다. 그 뒤에 다시 대혼란이 일어난다. 꿈에서 그녀는 인색하고, 불쾌하며, 추근덕거리고, 성적으로 잔뜩 흥분한 역겨운 사람이 된다. 꿈꾸는 사람은 꿈속의 인물에게 분노하고 연상 작용으로 그 인물은 철저하게 평가절하된다. 이런 반응은 일반적이다. 우리는 그림자를 우리의 이상향에 비해 가치가 없다고 여기기 때문이다.

나와 이 여성은 처음에는 꿈에 대해 마치 실제의 모 부인이 등장한 것처럼 이야기를 나누었고, 꿈을 하나의 객체처럼 다루었다. 이 꿈은 매우 이질적이고 부정적인 감정이 이끌어 낸 그림자 투사라고 생각할 수 있다. 하지만 우리 스스로 꿈을 그림자의 각 부분을 나타내는 암시로 활용할 수 있으려면 꿈을 주체의 관점에서 이해해야 한다. 그 말은 꿈속에 등장하는 인물을 꿈꾸는 사람의 내면적 모습으로 상상해야 한다는 것이다. 그림자 투사는 거두어져야 하는데, 꿈이라는 것은 결국 자신의 고유한 영혼과 소통하는 것이기 때문이다. 혹시 그림자의 형상을 자신의 일부로 보는 데 성공한다면 처음에는 인식의 충격을 경험하고 그 뒤에는 종종 분노나 슬픔이 따르게 된다.

꿈을 주체의 관점에서 이해할 수 있으려면 우선 맥락을 살펴야 한다. 몇몇 키워드는 꿈속에 등장하지만 다른 것들은 대화를 통해 발견할 수 있다. 어두워지는 것, 마치 다른 사람의 의도인 듯 자신의 의도를 포장하는 것, 성적인 흥분, 저속함 등이 그것이다. 꿈을 꾼 여성은 이런 키워드에서 무엇이 떠올랐을까? 여러 생각을 거듭한 후, 그녀는 꿈을 꾸기 전날 저녁 몇몇 여성과 시간을 보냈는데 그들을 향해 남자들이 '추파를 던졌다'고 이야기했다. 그녀와 일행은 곧바로 적대적으로 반응하며 남자들에게 선을 그었다. "우리는 그 사람들을 쫓아버렸어요. 실제로는 해가 없었는데 말이지요."

우리가 여성의 꿈을 이 상황에 대한 무의식의 해설로 이해한다면 다소 무해한 장면이 떠오른다. 꿈꾼 사람이 빛나는 천사인가? 그녀는 변명했다. "제가 설마 빛나는 천사처럼 행동했을 리가요!" 하지만 그런 그림자의 한 측면이 연관된 것 같다. 우리가 그림자 인물과 자신을 완전히 동일시하지 않는다면 의식적인 자아는 여전히 존재한다. 그렇게 되면 그림자의 색감은 분명해진다. 꿈을 꾼 여성은 웃으면서 자신들이 이미 그 남자들에게 의도를 흘렸다고 했다. 처음에 그녀들은 가벼운 농담으로 분위기를 띄웠지만, 남자들이 반응하자 다가오지 못하게 선을 긋고 아예 처음부터 적대적이었던 것처럼 행동했다. 그렇다. 이 여성은 성적으로 유혹하는 듯한 행동을 했고, 다소 저속했으며, 빛나는 천사 같은 모습도 보였다.

이 점을 알게 된 후로 이 여성은 비슷한 상황에 처하게 되면—그녀는 종종 그런 상황에 처한다—곧바로 빛나는 천사가 나온 꿈을 기억해낸다. 그녀는 자신의 행동을 주의 깊게 살피며 행동을 바로잡거나, '빛나는 천사' 역할을 즐기는 한편 그에 따른 결과를 감당하고, 같은 역할을 하는 다른 여성을 더 이상 판단하지 않는다.

그림자 행동을 알아차리기
\

한 남자가—혹은 여자일 수도 있다—자신은 관대한 사람이자 결코 시기하지 않는 사람이라고 한다. 이런 자아 개념은 그가 가진 페르소나의 모습과 일치한다. 그는 마음이 넓고, 타인과 타인의 성공에 관심이 많으며, 그들의 기쁨에 공감할 수 있다. 어느 날 이 사람이 지인들과 축구 경기를 보러 갔다. 대체로 사람들은 아주 열광했고 자신의 열정을 마음껏 표현했다. 오직 그만이, 그토록 스스로를 관대하다고 여기는 그만이 끊임없이 빈정대면서 악의적으로 비난을 퍼붓고 트집을 잡았다.

이런 상황은 그의 일상에서 반복해서 일어난다. 이 정도로 비판적인 사람은 분위기를 망치고 만다. 처음에 사람들은 대화와 논의를 시도하긴 하지만, 점점 짜증스러워지고 결국은 거리를 두다가 떠나버린다. 아니면 적어도 열정이 식거나 완전히 사라져버린다.

좋은 관계라면 이런 행동에 의문을 제기할 수 있다. "혹시 질투심을 느끼는 게 아닐까?"라고 물을 수 있다. 그 말을 듣고 그가 자신의 솔직한 마음을 털어놓으면서 질투심을 고백하고 다른 사람들의 기분을 망친 것에 대해 사과할 수도 있다. 아니면 다른 이들의 열정에서 자신이 소외감을 느꼈고, 거기서 오는 결핍으로 우울했으며, 그런 이유로 과도한 비난을 퍼부어 다른 이들의 흥을 깨고 싶었다고 이야기할 수도 있다. 열정적인 사람들 사이에서 열광하지 못하고, 무언가를 공유하는 기쁨에서 소외되는 것은 실로 불쾌한 감정이다. 그리고 질투심을 불러일으킬 수도 있다.

그림자 진단
\

 만약 누군가가 앞에 설명한 방식으로 반응할 수 있다면, 그 사람은 이미 높은 수준의 그림자 수용에 이른 것이다. 하지만 대부분의 경우 분노의 반응이 일어날 가능성이 더 높다. 우리는 분노와 격노를 통해, 그림자 행동을 들켰을 때 느끼는 수치심을 피할 수 있다. 그리고 분노하면서 '그림자 진단'을 할 수 있다. 말하자면 다른 사람의 그림자 측면에 대해 이야기하거나 그에게 그런 부분을 떠넘긴다. 그 결과 아마도 상대방의 입장에서 보면 더 공격적인 그림자 진단이 이어질 것이다.

 "혹시 질투심을 느끼는 게 아닐까?'라는 질문은 그림자 진단으로 이해될 수 있지만, 이런 표현은 듣는 이가 수치심을 느낄 필요가 없거나 그런 감정이 일부일 때만 할 수 있다. 이것은 우리 모두가 언제든지 질투심을 느낄 수 있다는 사실을 안다는 것을 의미한다. 이런 말을 들은 사람은 비판을 멈추거나 어쩌면 시간이 지난 뒤 무엇에 질투심을 느꼈는지 설명할 수 있을 것이다.

방어의 관점에서 그림자 진단은 완전히 다르게 들린다. "당신들은 모두 비판적이지 않고 대충 보기 때문에 그렇게 열정적인 거야." 이 말은 다시 말해 비판적이고 계몽된 현대인이라는 자아이상을 가진 사람에게는 지적으로 열등한 사람으로 묘사되는 불쾌한 비방이자 그림자 진단이 될 수 있다. 당연히 이 그림자 진단이 현실을 반영한다는 의미는 아니다. 이는 일종의 투사로 여겨질 수 있다.

하지만 그림자 진단을 내리는 사람들은 자신의 인식이 정확하다고 확신한다. 불행하게도, 많은 사람에게 알려져 있는 융의 발언이 있다. 이 말을 사실로 간주한다면 이를 통해 다른 이들의 실체적 그림자를 판단할 수 있을 것이다. "경험을 통해 알 수 있듯이 투사의 대상은 말하자면, 어떤 대상이라도 가능한 것이 아니라 투사되는 내용에 맞거나 투사하는 데 적절한 연관성을 제공하는 대상이어야 한다."[9]

융의 이 발언은 투사의 비유를 분명히 제시하는데, 투사는 어딘가에 '던져져' 자연스럽게 고착된다는 것이다. 이를 통해 우리는 아무에게나 무엇이든 투사할 수 있는 것이 아니라, 투사할 상대에게 내재되어 있는 측면만 투사할 수 있다는 결론을 내리게 된다. 오늘날에는 대중 앞에 서지 않는 사람들보다 유명인들이 훨씬 더 투사의 대상이 된다는 사실을 알 것이다. 그리고 우리는 내적 경험을 외부로 옮기지 않고는 어떤 지식도 얻을 수 없다는 사실도 알고 있다. 과거에서 현재로, 기분에서 날씨로, 날씨에서 다시 기분으로, 그리고 어떤 사람과 함께했던 경험을 다른 사람에 대한 기대로 바꾸는 식이다. 우리는 이 역시 투사할 수 있으며, 그것을 위해 다른 사람을 '포착'하는 것은 필요하지 않다. 우리 모두가 인간이고 서로 비슷하다는 사실은 제외하고 말이다.

융의 주장은 특히 그림자 투사라는 영역과 관련해 불길한 느낌을 준다. 타인의 그림자를 진단할 때 우리는 그가 실제로 그 그림자 측면을 가지고 있다고 확신하기 때문이다. 그렇다. 우리는 그가 우리의 통찰력(투사)에 감사해야 한다고 생각한다. 이를 통해 그림자 분석이 가능해졌기 때문이다.

물론 그림자 투사가 그 대상에게 들어맞을 수도 있다. 우리 모두는, 특히 동시대 사람들은 비슷한 그림자 구성을 가질 수 있기 때문이다. 하지만 이를 외부에서 단정 지어 결정할 수는 없으며, 미리 가정하는 것은 아주 오만한 일이다. 종종 그림자를 가진 사람은 우리에게 그림자로 여겨지는 삶의 측면을 좋은 방식으로 살아내기도 한다.

그림자 진단은 좋은 것이 아니다. 우리가 그 진단을 내리는 사람에게 우리의 그림자 측면을 분석해달라고 요청하지 않았기에 그것은 일종의 침해로 여겨진다. 우리가 독일의 철학자 위르겐 하버마스Jürgen Habermas[10]를 통해 알고 있는 규칙, 즉 지배와 복종에 반대하고 개인의 존엄성에 초점을 맞춘 '온전한 상호주관성'이 효력을 발휘하지 못하는 것이다. 물론 비판이 허용되지 않는다는 뜻은 아니다. 하지만 건설적인 비판은 상대의 자존감을 겨냥하는 것이 아니라 그 사람이 더 나아지도록 하는 것이 목표다. 건설적 비판을 통해 한 사람을 평가할 수 있다고 할지라도, 그 비판은 그림자 진단보다 훨씬 덜 감정적인 방법으로 이루어진다. 그리고 무엇보다 그림자뿐 아니라 빛도 고려한다.

이와 달리 그림자 진단은 근본적으로 그 사람에 관한 것이고, 그의 자존감에 영향을 미치며, 그를 취약하게 해 분노와 공격성을 불러일으킨다. 이는 자주 상호적인 그림자 진단으로 이어지는데, 즉 평가절하라는 악순환의 고리가 시작된

다.¹¹

우리는 그림자 행동을 들키면 수치심을 느끼고 당황하게 되기에, 스스로를 방어해야만 한다. 그림자 수용이라는 단계로 발전한 사람에게는 그림자 진단이라는 무기가 필요하지 않다. 하지만 그림자를 수용하는 데는 회복력 있는 자존감이 전제되어야 한다. 그림자와 관련한 경험이 새로운 투사로 이어지는 것이 아니라 발전으로 이어지려면 충분히 일관성을 지닌 자아 콤플렉스, 그림자로 인해 나타나는 병증을 통제할 강한 자아가 필요하다. 또한 그림자 진단이 실제로 우리의 그림자 측면을 다루는지, 아니면 그것이 부정확하므로 거부해야 하는지를 결정하려면 어느 정도 자신 있는 태도가 필요하다.

융은 '무의식과의 대결' 첫 번째 단계, 즉 의식적인 개성화 과정¹²의 방법은 그림자 다루는 일에 전념하는 것이라 보았다. 이것은 말하자면 '전문가의 작품'이며, 더 나아가 집단 무의식을 의미하는 아니마Anima와 아니무스Animus(아니마는 남성이 가진 무의식적인 여성적 요소를, 아니무스는 여성이 가진 무의식적인 남성적 요소를 의미한다―옮긴이)의 원형을 다루는 '걸작'으로 이어진다.¹³ 필요에 따라 그림자 작업을 시작하는 심리치료법과 분석도 존재하지만, 무의식을 자비로운 어머니처럼 보이게 하는 인상적이고 포괄적인 분석으로 시작하는 경우가 더 흔하다. 여기에는 이유가 있다. 심리치료를 받는 사람들은 대체로 위기 상황에 처해 있거나 발달 단계에서 어려움을 겪고 있으며, 이로 인해 자존감과 자기 정체성이 불안정하기 때문이다. '자애로운 어머니' 같은 느낌의 무의식을 통해 자존감을 조절하는 동시에 더 강화하다 보면 곧 그림자와의 대결이 일어난다. 내 생각에 자아를 강화하는 이미지가 등장하는 일이 더 자주 생긴다면 그림자와의 대결이 반복될 것으로 보인다.

그러나 몹시 비판적이었던 부모 때문에 부모 콤플렉스가 내면화된 사람들은 치료를 시작할 때 자신이 무엇을 '잘못'하고 있는지 바로 이야기해달라고 요구하기도 한다. 그래야 변화할 수 있을 것이라 여긴다. 이런 사람들은 그림자 진단이 익숙하며 그 어떤 방식의 관대함도 거부한다. 하지만 이런 상황에서 그들의 요구에 굴복하여 그림자를 다루는 것은 합리적이지 않다. 그렇게 하면 어떤 변화도 생기지 않고 오히려 낙담과 체념만 이어질 것이기 때문이다. 그림자와 그림자 수용이라는 주제는 우리의 자아 콤플렉스가 각종 병증을 극복하고 다르게 행동할 용기를 낼 수 있을 때, 무의식과 의식적으로 대면할 때만 적합할 것이다.

그러나 그림자와의 대결을 과소평가해서는 안 된다. 융의 표현인 '전문가의 작품'이 바로 우리에게 그런 생각을 불러일으킬 수 있다. 그것은 인간관계에 있어서 매우 어렵고 중요한 의미를 지닌다. 관계의 수많은 어려움은 그림자에 대한 인식의 부족에서 생겨나며, 자신의 그림자를 통제하고 있다고 믿는 사람들로 인해 자주 일어난다.

더군다나 그림자 문제를 한 번에 해결하는 것은 불가능하다. 우리는 늘 새로운 그림자를 만들어내고 있다.

03

세상 사람들의
페르소나와 그림자

특정 문화권의 특정 시기에는 그림자 측면이 그림자로 인식되지 않는 경우가 있는데, 많은 구성원이 그것을 인정하기 때문이다. 이 집단적이고도 의식에 가까운 그림자는 더 이상 당연시되지 않을 때 비로소 그림자로 회고된다.

'사람들의 페르소나'는 '사람들의 그림자'를 만들어낸다. 마르틴 하이데거 Martin Heidegger 는 『존재와 시간』의 한 구절에서 '일상적 자기 존재와 세상 사람들'에 관해 매우 흥미로운 견해를 밝힌다.[1] 그는 실제로 우리가 어떻게 살아야 할지 결정하는 사람은 어떤 한 사람이 아니라 다른 모든 개인이라고 설명한다. 이 다른 개인들이 누구인지 좀 더 명확하게 살펴보면, 하이데거에 따르면 '세상 사람들'이다. 이 사람들은 눈에 띄지 않고 인식할 수 없는 독재를 펼친다. 우리는 세상 사람들이 즐기는 방식으로 즐기고, 그 사람들이 생각하는 대로 생각하며, 그 사람들이 지금 꾸미는 방식으로 옷을 입는다. 그들은 일상생활을 규정하고 우리가 오랜 시간 깊은 생각에 잠기지 않도록, 우리가 결정을 내리지 않도록 하는데 이는 우리 삶에 근본적인 안도감을 준다.

세상 사람들은 무엇보다 '공공성'으로 드러난다. 세상 사람들의 독재는 개인이 그것에 복종하지 않거나 어떤 이유에서든 거기에 소속되지 않거나 소속되고 싶어 하지 않을 때 느낄 수 있다. 물론 우리가 지키는 규칙이나 규범에 관해 이야기할 수도 있지만, '세상 사람들' 혹은 '세상 사람들 자신'이라는 표현은 새로운 개념을 불러온다. 그것은 단순히 외부에서 우리에게 강요된다기보다는 우리의 내면에까지 영향을 미쳐 거기서 응답을 얻는다. 세상 사람들의 독재하에 공존은 통상적인 평균성을 만들어내고, 이 평균성에 의해 예외는 감시당한다. 이로 인해 모든 기본적인 것이 매끄럽게 진행되고, 투쟁의 대상들이 관리 가능해지며, 알지 못했던 것들이 오랜 시간 알려진 것들이 된다. 그리고 이를 통해 개개인의 존재 가능성은 평준화된다. 오늘날 우리는 컴퓨터 시뮬레이션을 통해 많은 얼굴을 겹쳐서 만든 얼굴을 사람들이 아름답다고 생각하는 것을 안다. 가장 평균적인 얼굴 말이다.

세상 사람들 자신은 세상과 존재에 대한 우리의 이해를

규제한다. 특정한 사건에 그들이 이미 관여했다면 우리는 거기에 관여할 필요가 없다. 우리는 그것을 다른 사람에게 위임할 수 있고 누구도 책임지지 않는다. 하이데거가 명명한 이 세상 사람들 자신—나는 이것을 '세상 사람들의 페르소나'라고도 부르겠다—은 습관과 편견, 편협함의 산물이라 매우 위험하다. 인종차별과 성차별도 한때는 세상 사람들의 관점이었고 아마 지금도 그럴 것이다. 세상 사람들 자신은 일상생활에는 안정감을 주지만 동시에 우리가 진정한 자신이 되는 것을 방해한다. 그것은 우리의 참된 자기 Selbst, Self 에 반하는 것이다. 즉 우리가 우리 인격의 핵심으로 인식하고 책임감을 느끼는 자기와 상반된다. 따라서 세상 사람들의 페르소나 관점을 따르는 삶에서는 모나거나 다루기 힘든 것은 전부 평준화되어버린다.

 오늘날에 지배적인 세상 사람들 자신에 관해 이야기하기는 매우 어렵다. 우리는 모두 특정한 시대의 사람들 속에 갇혀 있기 때문이다. 혁명이 일어난 이후에나 우리는 과거 사람들의 페르소나를 회고하여 판단할 수 있으며, 또한 혁명이 만들어낸 그림자도 판단할 수 있다. 만약 우리가 함께하는 세상 사람들의 페르소나가 굉장히 순종적이라면 반항의 그림자가 결국 터져 나올 것이고, 이성적이고 지적이라면 감정적이고 심지어 즉흥적인 그림자가 나타날 것이다.

세상 사람들의 페르소나 바깥에는 외로움과 개인적 책임감, 즉 자기가 있다. 세상 사람들의 페르소나에 점점 더 많이 갇힐수록 자기는 더욱 그림자에 가려진다고 할 수 있다. 자기에게서 나오는 행동에 대해 세상 사람들의 페르소나는 자기중심적이라고 하거나 더 부정적으로 표현하기도 한다.

세상 사람들 자신과 연관되어 그들의 그림자도 발달한다. 이것은 처음에는 무의식인데 우리가 그들에게 충성하며 소속되기 때문이다. 우리가 세상 사람들의 페르소나에 더 많이 굴복할수록 진짜 자기 존재는 뒤로 사라져버린다. 살아가고 싶다면 이에 반항해야 할 것이다. 그리고 이 반항은 세상 사람들의 페르소나 관점에서는 그림자 행동으로 보인다.

세상 사람들의 페르소나에 반항하는 사람들은 더 이상 다른 이들의 독재 치하에 머물러 있지 않고, 내면세계가 요구하는, 다른 것을 돌아보는 혁명을 일으킨다. 이 필수적인 혁명은 대부분 젊은이들에 의해 일어나며 봉기를 통해 그들은 세상 사람들의 페르소나를 어느 정도 변화시킨다. 반면 혁명의 반역자들. 즉 세상 사람들의 페르소나에 굴복한 순응주의자들은 그림자를 가지게 된다.

04

이토록 낯선 그림자

낯선 것이라 함은 단순히 아직 알지 못하는 것이 아니라 아예 모르는 것, 종종 두려워서 우리를 걱정시키는 것임을 부인할 수 없다. 이 점은 그림자에도 적용된다. 그림자는 낯설고 두렵다. 그렇지만 매혹적이기도 하다.

그림자가 우리에게 낯설다는 개념은 융에 따르면[1] '긍정적 그림자'라는 개념으로 이해할 수 있으며, 무의식은 아직 의식에 도달하지 못할 만큼 강하지 않다는 그의 이론으로도 이해할 수 있다.[2] 그러나 나는 '긍정적 그림자'라는 표현은 별 도움이 되지 않는다고 생각한다. 그것은 융이 사용하는 그림자의 개념과 맞지 않는다. 그림자는 자아이상의 관점에서 봤을 때 받아들일 수 없는 것으로 정의된다.

우리가 그림자를 받아들이면 보통 긍정적인 효과가 생긴다. 풍요로워지고 활력이 생기며 좀 더 진실해진다. 긍정적 그림자에 관한 융의 진술을 좀 더 자세히 살펴보면, 그가 실제로 의미하는 것은 우리에게 아직 낯선 그림자다.

융이 발전시킨 무의식 이론에 따르면, 무의식은 단순히 억압되고 잊힌 정보를 담아두는 저장소가 아니라, 끊임없이 새로운 충동이 나타나는 심리학적 차원의 세계이며, 죽음에 이르기까지의 정신적 발달이 표현되는 것이다. 그렇기에 항상 우리의 내면에는 이질적인 것이 존재하고 그것은 우리와 가까워지려 한다. 알려지지 않은 것이 계속해서 우리의 의식 속으로 들어오려고 압박을 가한다는 사실은 우리가 늘 새로운 것들을 선호한다는 것을 의미한다. 우리는 먼 미래에 어떤 사실을 계획할 때 우리에게 이런 점이 있다는 것을 고려해야 한다. 그럼에도 어쩌면 우리 내면에는 영원히 우리에게 낯선 것으로 남을 무한한 이질감이 존재할 것이다.

우리의 내면에서 우리 스스로가 낯선 존재라는 생각은 단지 융의 생각만은 아니다. 프랑스의 대표적인 정신분석학자인 쥘리아 크리스테바Julia Kristeva는 『우리는 우리 자신에게 낯선 사람이다Fremde sind wir uns selbst』[3]라는 책을 썼다. 크리스테바는 우리는 항상 스스로 뭔가를 억압하고, 그것을 자신에게서 단절시키고 이질적으로 만든다고 말한다. 단순히 억압에서 생겨나지 않은 어떤 이질적인 것이 항상 우리 내면에 동시에 존재한다는 사실도 우려했다.

 이제 겨우 의식의 문턱에 도달했기에 낯설게 보이는 것은 사실 우리의 미래이며 그것은 종종 아주 모호해 보인다. 다들 알다시피 우리는 익숙한 것을 몹시 선호한다. 새로운 것은 무엇이든 처음에는 악마화하는 경향이 있는데, 불과 몇 년 전만 해도 가상 현실의 가능성을 지닌 인터넷을 악마화했다. 하지만 어느새 우리는 거기에 익숙해져버렸다. 우리가 새로운 것을 악마화하고 그것에 그림자를 씌우는 것은 그 새로운 것이 우리를 두렵게 한다는 것 외에는 다른 의미가 없다.

 우리에게 낯선 것은 우리를 혼란스럽게 한다. 그것은 한편으로는 우리를 매료시키지만, 다른 한편으로는 우리에게 불안을 야기하고 대립이나 화해, 심지어 우정을 요구하기까지 한다. 그림자를 우리 내면의 낯선 것과 결합하면 우리는 또 다른 수준의 그림자에 도달하게 된다.

낯선 것이 매혹적일 때
\

 낯선 것은 우리를 현혹하거나 익숙한 경계를 넘어서라고 강요한다. 우리의 정체성을 변화시키는 것이다. 무의식에서 나오는 꿈속의 예감이나 경고 같은 것들은 우리에게 아직 낯선 것들이 의식화되기를 원한다는 의미이며, 그것들은 우리를 변화시킬 것이다. 그 변화는 갑자기 일어나는 것이 아니라 점진적으로 일어난다. 우리가 자신의 정체성을 확신할수록, 내면의 자유를 더욱 키울수록 우리는 낯선 것을 덜 어둡게 여길 것이며 그것에 더 강하게 매혹될 것이다. 그러나 정체성에 불안함을 느끼고 자존감이 약해져 쉽게 흔들린다면, 낯선 것이 두려워지고 그 두려움 때문에 낯선 것을 위협으로 여겨 그에 따른 행동을 하게 될 것이다. 이처럼 낯선 것과 관련해 생겨나는 두 가지 감정은 매혹과 두려움이다.

매혹은 우리를 베일에 싸인 공간으로 끌어들이는 감정이자, 끊임없이 주문을 걸어 우리가 그 매혹을 계속 좇도록 한다. 여기에는 헌신이 요구된다. 우리는 이 베일에 싸인 공간을 삶의 비밀이 밝혀질 때까지 강한 인내심을 가지고 관찰해야 한다. 경우에 따라 평생이 걸릴 수도 있다.

매혹이 반드시 호의적으로 받아들여지는 것은 아니다. 사람을 끌어들이는 주문을 건다고 생각되기 때문이다. 라틴어의 '매혹fascinare'이라는 단어는 '요술을 부리다', '마술을 부리다'라는 의미로 번역된다. 매혹을 느낄 때는 잘 모르고 낯선 것들이 강렬한 에너지로 다가오는데, 약간이라도 낯설지 않은 것들은 우리를 매혹하지 못한다. 낯선 것들은 국가일 수도, 한 사람일 수도, 어떤 생각일 수도 있으며, 환상일 수도 있다. 우리가 그것에 매료되어 있는 한, 그 낯선 것의 비밀은 완전히 풀리지 않는다.

우리는 종종 우리 자신에게서 알 수 없고 매력적인 무언가를 이 낯선 것에 투사하기 때문에 거기에서 우리의 심리를 마주하게 된다. 매혹을 통해 외부세계가 우리 내부로 다가오지만 우리는 대체로 그 사실을 알지 못한다. 지금 나를 매혹하는 것은 외부의 것인가, 아니면 내 안에 있는 것인가?

매혹적인 존재의 상징으로는 사람을 묶고 당기는 데 사용하는 줄, 혹은 금으로 만든 실이나 황금 족쇄 등이 있다. 독일 미신 사전에 따르면 매혹된 사람은 마치 보이지 않는 올가미에 묶여 있고 그 올가미는 계속 그를 당긴다. 우리를 끌어당기는 것은 누구인가, 혹은 무엇인가? 우리를 끌어당기는 것은 우리 영혼 속에 있는 낯선 것이며 친구가 되어야 하는 낯선 것이다. 우리 안의 이런 낯선 것들은 의식 속으로 옮겨져야 한다.

이 낯선 것은 우리와 분리되고 억압된 것일 수도 있지만 미래의 발전 가능성일 수도 있다. 이런 맥락에서 융의 심리학에서는 한편으로는 그림자를 이야기하고, 다른 한편으로는 아니마와 아니무스를 이야기한다. 아니마와 아니무스는 신비로운 낯선 것의 원형 혹은 가장 넓은 의미에서 관계들을 규정하는 신비로운 낯선 것이다. 즉 내면세계와의 관계, 외부세계와의 관계, 다른 사람과의 관계, 사랑의 관계를 비롯해 우리 자신의 중심과의 관계도 규정한다.

그 관계는 이렇다. 낯선 것은 처음에는 그림자로 나타나지만 한편으로는 그림자 뒤에서 완전히 다른 원형적인 힘이 작동한다. 우리가 낯설다는 의미에서 그림자를 회피하고 그것에 두려움을 가진다면 우리를 매혹하는 내면의 영역, 즉 부모 콤플렉스에서 비롯되기도 하는[4] 발전 가능성에 접근할 수 없게 된다.

당연히 우리는 어떤 비판도 없이 매혹적인 것들에 우리를 내맡길 수 없다. 그것들이 우리를 현실로부터 멀어지도록 만들기 때문이다. 우리는 과거의 매혹에 어떤 끌림이 있었는지, 그리고 현재의 매혹이 그것과 어떻게 연관되는지 스스로 살펴볼 수 있다. 이런 끌림에 대응하려면 우리가 무엇에 매혹되는지를 반드시 알아야 하며, 그 매혹이 우리의 일상생활에서 어떤 의미를 지니는지도 알아야 한다. 구체적으로 말하면 한편으로는 매혹을 따르고, 다른 한편으로는 늘 그것을 일상생활에 통합하는 것이다. 비판 없이 매혹을 따르는 것도 위험하지만 매혹을 따르지 않는 것도 위험하다.

우리가 매혹을 거부하는 것은 발전하기를 그만두는 것과 같다. 삶은 얼어붙을 것이고 무기력과 우울증, 절망과 함께 무료함이 찾아올 것이다. 하지만 인간이라면 무한정으로 낯선 것과 어울릴 수는 없다. 우리에게는 낯선 것을 익숙할 정도까지 받아들일 안전한 토대가 필요하다.

매혹은 우리를 우리 인격의 낯선 것으로 데려간다. 낯선 것은 정체성의 변화를 목표로 하기에 정체성 문제가 쉽게 발생한다. 그러면 매혹은 우리를 두렵게 하고, 우리는 그 두려움을 떨쳐낸다. 다른 방식으로 이야기하자면, 매혹은 늘 존재하는 낯선 것에 대한 두려움을 처음에는 어느 정도 '뛰어넘어' 그 두려움을 극복하는 데 도움이 된다. 그러나 두려움은 언젠가는 다시 돌아오는데, 아무리 늦어도 매혹의 결과를 눈으로 보거나 인식하게 되면 돌아오는 것이다. 예를 들어 너무나 강렬하지만 문제가 있는 에로틱한 매혹을 상상해보자. 어떤 이들은 자신이 결코 받아들일 수 없는 사람에게 빠져버린다. 그 상대는 어떤 면도 자신과 맞지 않기 때문이다. 하지만 그럼에도 그는 어마어마한 매혹에 빠져 자신과 인생에 대한 생각을 일부 바꾸게 된다. 그림자의 수용이 필요한 것이다.

매혹적인 것을 그저 단순히 '아름다운' 것으로 생각해서는 안 된다. 분명 그림자화된 매혹도 존재한다. 매혹의 힘은 우리가 거리를 두는 것을 허락하지 않는다. 그러면 우리는 명예가 실추되고 돈이나 사랑하는 사람을 잃을 위험에 처한다. 또한 기존의 자아상을 잃기도 하지만 그 과정에서 더 큰 활기를 얻기도 한다.

낯선 것이 두려울 때
\

자존감이 너무 낮으면 두려움이 커지고 정체성이 불안정해진다. 그렇게 되면 우리는 방금 우리를 매료시켰던 것을 악마화하고, 추악하게 여기며, 그림자로 못 박는다. 낯선 것은 두려움을 통해 '악'으로 취급된다. 중세 시대에 마녀와 악마는 악을 투사하는 대상이었고 지금도 여전히 그렇다. 매혹은 경이로운 것이다. 그런 매혹이 위협적으로 변하면 우리는 빛과 어둠, 선과 악이라는 오랜 구분을 통해 그것을 설명하게 되며 매혹적인 것에는 악이라는 낙인이 찍힌다.

낯선 것은 친숙한 것, 아는 것, 이미 나의 보금자리가 된 것과는 구별된다. 프로이트는 자신의 저술에서 집도 고향도 없는 곳이 주는 기괴함을 발견해냈다.[5] 이 글에서 그는 기괴함과 낯섦을 '내밀함, 익숙함, 친숙함'과 대조한다. 프로이트는 새로운 것 자체만으로 기괴한 것은 아니라며, 새롭고 낯선 것에 무언가 다른 것이 더해져야 기괴한 것이 된다고 말한다. 그의 이론에 따르면 이 무언가는 억압된 것이다. 융의 이론에 따르면 무의식은 억압된 충동뿐 아니라 우리가 아직 의식에서 인지할 수 없는 모든 발달적인 충동을 포함한다. 그렇기에 기괴한 낯섦은 우리에게 보내는 삶의 부름일 수도 있으며 미래의 발전을 나타낼 수도 있다. 내 생각에 낯선 것을 기괴하게 보느냐 아니면 매혹적으로 보느냐는 우리가 일관적인 자아 콤플렉스를 키웠는지, 그리고 그에 따라 비교적 안정적인 자아 정체성을 키웠는지에 달려 있다고 본다. 물론 이런 내 생각도 의문의 여지는 있다.

하지만 낯선 것이 기괴하게 느껴지기 쉬운 데는 또 다른 중요한 측면이 있다. 그것이 기괴하고 섬뜩하게 느껴지는 것은 위협과 관련이 있기 때문이다. 특히 우리 삶에서 근본적인 위협, 즉 죽음과 관련이 있다. 낯선 것을 통해 우리는 결국 완전히 낯선 존재, 즉 죽음이 우리를 기다린다고 생각하거나 그럴 거라 짐작한다. 우리 모두 종국에는 죽는 존재라는 사실에는 그림자가 있는데, 물론 개인적인 그림자는 아니다. 대부분의 사람은 병들고 늙고 죽는다는 사실에 시달린다. 실제로 우리는 불멸의 존재여야 한다고 생각하며, 그 목표를 달성하기 위해—어쩌면 그다지 매력적이지 않을 수도 있겠지만—과학계가 열심히 노력하고 있다. 내세라는 개념에서 죽음의 영역은 그림자의 영역이다. 죽은 사람은 육체 없이 그림자로 살아간다. 유령에 대한 믿음은 이와 같은 죽음의 그림자와 관련이 있다.

하지만 우리는 죽음을 굉장히 큰 변화의 상징으로도 이해할 수 있다. 변화에는 늘 위험 부담이 있으며 우리는 익숙한 것을 포기하고, 새롭고 익숙하지 않은 것을 받아들여야 한다. 낯선 것이 매우 두려워질 때, 매혹보다 두려움이 더 커질 때, 우리는 임박한 변화에 대해 강한 실존적 위협을 느끼게 된다. 그렇기에 변화란 죽음과도 같다.

낯선 사람과 그림자
\

낯선 것은 우리에게 속하지 않은 낯선 사람에게 쉽게 투사된다. 이 낯선 사람은 단순히 외국인이나 망명 신청자가 아니며, 우리와 다른 삶을 사는 우리 문화권의 사람들일 수 있다. 그들은 우리와 멀리 떨어져 있을 때 보통 매력적으로 보이는데, 그런 순간이 가장 잘 투사할 수 있는 때다. 그러나 그들이 가까이 다가오면 두려움을 느끼게 되고, 그러면 우리는 더 이상 투사를 유지할 수 없다. 하지만 낯선 사람에게 느끼는 두려움에 굴복하면 정체성 위기를 두려워한다는 말이며, 이로 인한 발전과 변화에 대한 요구를 받아들이고 싶지 않은 것이다.

낯선 이에게 우리의 그림자를 투사하면 그 사람을 통해 스스로 인정하고 싶지 않은 것들이 우리 삶에 들어올 것 같은 두려움이 생긴다. 예를 들어 단골손님들의 식탁에서 외부인들은 굉장히 식탐 있는 모습으로 그려진다. 하지만 식탐 있는 사람들은 아마도 외부인과 지역민 사이에 거의 고르게 분포되어 있을 것이다. 이 음식에 대한 경쟁심은 실제로는 그림자 속에서 생기는 것으로, 대표적인 것이 바로 형제자매 간의 경쟁이다. 형제자매 사이에서는 마음껏 그림자를 투사하고 위임하는데, 그 투사에 대해서는 나중에 성인이 되어서도 의문을 제기하지 않는다. 우리에게 형제자매란 대체로 어릴 때 본 모습 그대로이고, 형제자매가 나보다 더 나은 삶을 살 것이라는 은밀한 두려움 역시 여전히 남아 있다.

낯선 사람에 대한 혐오증은 단순히 음식에 대한 경쟁심에 관한 것이 아니라, 사실은 의심받고 싶지 않은 마음, 정체성의 불확실성을 겪고 싶지 않은 마음에 관한 것일 수 있다. 낯선 사람에 대한 두려움에 사로잡히면 낯섦에서 오는 새로운 것은 보지 못하고, 자기 것이나 오래된 물건 등 빼앗기고 싶지 않은 것들에 대한 위협을 느낀다. 아마도 그 두려움은 스스로 만들어두었던 명확한 조건들이 무너질 수 있다는 사실과 연관될 것이다. 물론 우리의 상황은 결코 명확하지 않다. 우리는 그 상황에 익숙하기 때문에 그저 전체적으로 조망할 수 있다고 느낄 뿐이다. 하지만 모든 새로운 상황도 결국 익숙해지고 명확해진다.

우리가 새로운 것들과 낯선 것들을 모호하다고 느끼면 느낄수록 두려움은 더욱 커진다. 또한 우리가 낯선 사람들을 두려워할수록 그들에게 그림자를 씌울 가능성도 커진다. 낯선 이들에게 적대적 이미지와 우리의 낯섦을 투사하여 그들과 맞서게 되면, 우리의 고유함이 희석될 수 있다는 두려움을 항상 느끼게 될 것이다. 이 두려움은 외국인 혐오증과 관련되어 자주 표현되는데, 여기에는 민족의 안정을 잃을 수도 있다는 두려움도 포함된다. 이런 문제는 정체성에 대한 두려움과 밀접한 관련이 있다.

우리는 우리 자신에게 낯선 사람
\

잉게 슈트라우흐Inge Strauch 와 바바라 마이어Barbara Meier 는 꿈에 대한 연구에서 모든 꿈 내용의 44.1퍼센트가 꿈꾸는 사람에게 익숙하지 않은 배경에서 일어난다는 것을 발견했다.[6] 연구 대상이 된 꿈 중에서 24.6퍼센트는 낯선 사람이 등장했다. 그동안의 심리치료 결과를 바탕으로 우리는 꿈에 등장하는 낯선 사람들이 꿈을 꾸는 사람에게 무관심할 수도 있고, 강한 감정을 불러일으키거나 두려움 혹은 매혹의 감정을 줄 수 있다는 것도 알고 있다.

꿈은 우리 자신이 만든 것이다. 꿈에 낯선 내용이 자주 등장하고 이상한 사람들이 많이 나온다면, 우리가 대체로 자신에게 낯선 사람이라는 증거다. 꿈속의 낯선 것들과 낯선 사람들은 우리 영혼의 일부이자 우리에게 속한 것이므로 그 낯섦을 응시하고 받아들이며 통합해야 한다.

"우리는 우리 자신에게 낯선 사람이다." 크리스테바의 이 표현은 큰 설득력을 지닌다. 이 말은 두렵기도 하지만, 희망이 되어줄 수도 있다. 우리는 발전하면서 결코 마지막 결론에 이르지 않고 언제나 열린 상태에 있는 것이다. 상황은 상상하지도 못한 방식으로 바뀔 수 있으며, 어쩌면 긍정적인 방향으로 흘러갈 수도 있다. 발전이 결코 완결되지 않는다는 이런 주장은 자연스럽게 우리가 무엇에 의지할 수 있을 것인가 하는 질문으로 이어진다. 아마 대부분의 사람은 삶의 연속성을 잃지 않고도 끊임없이 낯선 것들에 대처할 수 있을 것이다. 또한 자신에게 익숙한 정체성과 낯선 것들을 계속해서 연결할 수 있기 때문에 어떤 변화에도 늘 자신이 같은 사람이라는 느낌을 잃지 않을 것이다.

05

집단적
그림자

낯선 것은 매혹적이고 우리를 발전으로 이끌 수 있지만, 앞에서 살펴본 것처럼 강한 두려움을 불러일으키기도 한다. 그러면 그것은 너무나 손쉽게 '악'이 된다.

우리가 내부와 외부에서 만나게 되는 그림자는 대개 개인적 무의식의 영역에 속한다. 그림자는 개인의 심리에 기인하는 것이다. 융의 그림자 개념에는 개인적 차원을 훨씬 넘어서는 그림자가 존재하며, "그렇기에 예를 들면 악과 같은 원리와 가장 잘 비교될 수 있다."[1] 이 그림자는 원형적인 것이자 집단 무의식에 속한다. 융은 이 원형적 그림자에 대해 이렇게 썼다. "인간의 본성이 상대적으로 악하다는 사실을 인식하는 것은 가능성의 영역이지만, 절대적인 악을 눈으로 직접 보는 것은 충격적일 뿐 아니라 매우 드문 경험이다."[2] 융은 또 이렇게 쓰기도 했다. "악마는 그림자의 원형적 형태의 변형이

다. 말하자면 인간에게 받아들여지지 않는 어두운 반쪽이라는 위험한 측면이다."³

융의 이론에 의하면 이런 원형은 경험과 표현, 처리와 행동이라는 인류학적 상수로 이해된다.⁴ 또한 한편으로는 정신적, 신체적 영역의 구조적 요인이며, 다른 한편으로는 역동적이고 감정적인 요인이자 질서와 처리의 원칙이다. 그림자의 원형이 처음부터 어둡고 악한 것을 내포한다고 정의된 것은 아니다. 이는 사람이 있는 곳에는 항상 그림자가 있다는 사실, 그리고 그림자를 다루는 것은 전형적인 인간의 일이라는 사실과 관련된다. 모든 신화에서 그림자와의 대결이 큰 의미를 지닌다는 점에서 이를 쉽게 알 수 있다.

융은 또한 모든 사람이 공유하지만 우리가 제대로 영향을 미칠 수 없는 집단적 그림자도 언급한다. 이것은 인간이 파괴적으로 행동할 가능성에 관한 것이다. 대부분은 그것을 그림자로 이해한다. 파괴적인 행동과 상관이 없다 하더라도 우리 모두는 이 그림자를 공유한다. 어딘가에서 군사적 갈등이 발생하면, 비록 우리가 그 분쟁과 아무런 상관이 없고 직접적 피해를 입지 않는다 하더라도, 그 분쟁이 우리에게 해를 끼칠 수 있다. 인간이 그렇게나 파괴적인 존재가 될 수 있다는 점이 우리 모두를 부끄럽게 하는 것이다. 먼 지역의 전쟁에 영향을 미칠 수 없다고 해서 그 파괴적인 행위에 대해 아무것도 해서는 안 되거나 할 수 없다는 의미는 아니다. 파괴적인 행위를 줄일 수 있다는 희망을 포기해서는 안 된다. 이 점은 우리 자신의 파괴적인 성향에도 적용된다. 그렇기에 자신의 파괴성에 맞서 적극적으로 행동하는 것이 중요하다.

악에 관하여
\

'악惡'이란 무엇을 뜻할까?

우리는 우리의 의지와 의도에 반하는 것을 악으로 경험한다. 또한 이해할 수 없으며 받아들일 수 없는 운명 역시 악이라고 지칭한다. 우리는 악으로 경험하는 것이 무엇인지 근본적인 질문을 던질 때 두려움에 직면하게 된다. 그것이 옳든 옳지 않든 우리를 두렵게 하는 것을 악이라고 인식한다.

악과 관련하여 다음과 같은 윤리적 차원의 질문도 던져보아야 한다. 우리는 선과 대결하는 악의 원칙에 따라 행동하는 것인가? 악이 존재한다면 우리는 어떻게 선하게 행동할 수 있는가?

악은 객관적인 대상으로서, 형이상학적인 힘으로서 존

재하지 않는다. 지크프리트 피어치히Siegfried Vierzig가 그의 저서 『악Das Böse』에서 주장한 것처럼[5] 악은 훨씬 더 신화적인 투사다. 우리는 삶에서 나쁜 일로 인해 겪었던 고통스러운 경험을 하나의 대상으로, 즉 악으로 만든다.

삶에서 악에 관한 경험은 그림자와 밀접한 관련이 있다. 이 연관성은 어떻게 생겨나는 것일까? 우리는 살면서 질병, 절망, 죽음, 실패, 상실을 겪는다. 사랑하는 사람을 잃고, 누군가에게 속으며, 우리가 지키고 싶었던 것을 빼앗기고, 서로 멀어진다. 이 모든 것이 인간 삶의 일부다. 하지만 우리는 우리가 악하다고 느끼는 경험을 받아들이고 현실적으로 처리하는 대신, 집단적으로 투사한다. 즉 모든 것이 악 때문이라는 것이다. 많은 신앙에 따르면 인간도 어떤 면에서는 악함에 가담한다. 그러나 집단적 투사는 그다지 도움이 되지 않는다. 우리는 늘 반복해서 악을 경험하면서 살아가야 하기 때문이다. 더구나 우리는 악이라는 존재를 형이상학적인 힘으로 여기며 두려워할 수밖에 없다. 공격성 또한 이 악으로 투사되기 때문에 어쩌면 우리의 인생을 잘 다룰 기회를 잃는 것이다. 무엇보다 우리 역시 죄가 있다. 그렇기에 이것은 매우 치명적인 투사다!

신화적 형태의 악마는 우리가 악하고 고통스럽게 여기

는 경험을 투사적으로 처리하는 방식 중 하나다. 전통적인 기독교에서 우리는 한쪽에서는 빛나는 신을, 다른 쪽에서는 반대로 어두운 악마를 발견한다. 신의 형상이 밝으면 밝을수록 악마의 형상은 더욱 어둡다. 이것을 개인적 차원에서 살펴보면 자아이상이 밝으면 밝을수록 그림자는 더욱 어두워지는 것이다. 우리는 악마를 많은 사건의 원인으로 비난할 수 있었다. 악마화되어야 할 모든 것, 특히 관능적인 것은 말할 것도 없다.

이 점은 악을 상징하는 인간의 모습, 즉 마녀를 보면 알 수 있다. 마녀는 악마와 아주 밀접한 관련이 있다고 묘사된다. 나중에 마녀로 고발당한 여성들은 13세기 이전에는 현명한 여성으로 여겨졌다. 그들은 조산사나 약초상 같은 사람들이었지만 여성의 관능과 성에 대한 부정적 평가를 거치며 악의 상징, 그러니까 마녀가 되어버렸다(여성이 남성을 유혹한다는 것이다!). 중세 후기 유럽에서는 기독교의 영향으로 관능적인 것과 성적인 것이 악의 근원이 되었다. 관능적인 것은 더럽고 악한 것으로 집단적으로 인식되었고 그렇게 그림자가 되었으며, 마녀는 악의 상징이 되었다. 그 결과 페스트 등의 질병, 기근과 죽음 같은 많은 다른 악도 전부 마녀의 탓이 되었다. 마녀들은 제거되어야 할 가장 사악한 그림자의 주인이 되었다. 이런 투사는 그림자가 처리되는 것을 막았을 뿐 아니라 선의 이름으로 오히려 더 많은 그림자를 만들어냈다. 그림자에 대한 방어는 엄청난 파괴력을 몰고 왔다.

철학자 임마누엘 칸트Immanuel Kant는 인간적 모습에 대해 완전히 다르게 접근한다. "도덕적 의미에서 인간은 어떤 모습이어야 하는가? 선하거나 악하거나 인간은 그것을 스스로 만들어야만 하고 또 그렇게 했다. 둘 다 인간의 자유의지의 결과여야 한다. 그렇지 않다면 그것은 인간에게 속할 수 없기 때문이다."[6] 칸트는 인간에게 악을 행하는 성향이 있다는 것을 인정하면서도 선을 행해야 할 의무도 끊임없이 언급했다. 그의 주장은 모든 인간이 공유하고 있는 원형적 그림자에 관한 이론과도 일치한다. 우리는 늘 그림자를 인식해야 하지만 그럼에도 선을 행할 의무가 있다.

원형적 그림자와 관련하여 융은 신의 어두운 면에 대해서도 언급했다. 융은 악이 없는 선은 없다고 가정했기 때문이다. 그는 신을 '오직 선하기만 한' 존재라는 단면적인 이상화로부터 해방시키고 그 이상화에 부합하지 않는 다른 모든 것을 악마화하지 않으려 했다. 심리치료사로서 융은 기독교의 단면성과 이로 인해 '오로지 선한' 존재가 되고 싶어 하는 사람들이 신경증을 앓는 것을 반복적으로 경험했다. 신이 이상적이고 사람들 역시 그래야 하지만, 만약 그럴 수 없다면 사람들은 '악마화'되는 것이다.

신학자이자 철학자인 도로테 죌레 Dorothee Sölle 는 이 현상과 관련 있는 '신학적 사디즘'을 언급했다. 신은 빛나고, 인류의 죄에 대한 정당한 처벌로 모든 악을 인간들에게 보낸다는 것이다. 그러니까 바꾸어 말하면 누군가가 이 세상을 괴롭히는 일을 하고 있다는 것이고, 이런 생각을 깊이 고민해본다면 그 누군가는 바로 신이다. 여기서 죌레는 이를 기독교인들에게 마조히즘을 받아들이라는 권유로 본다. 고통은 목적이 있는데, 인간의 자존감을 무너뜨리고, 인간의 무력감을 키우며, 인간을 부수어 더욱 작게 만든 후 더욱 위대해진 신에게로 인도하는 것이다. 죌레는 지배와 복종이라는 전통적인 기독교 이념에 대해 삶에 대한 긍정으로 갖선다. "기독교인의 삶의 목표는 고통이 아니라 사랑이다. 고통이 따른다고 할지라도 사랑을 멈춰서는 안 된다."[7]

프랑스 실존주의를 대표하는 작가 알베르 카뮈 Albert Camus 역시 고통과 고통 속의 삶에 대해 다뤘다. 그의 소설 『페스트』에는 사람들을 정화한다는 의미로 고통을 옹호하는 사제가 등장한다.[8] 카뮈는 이 신학적 사디즘이 책임 회피를 위한 투사적 도피라고 주장한다. 그의 주장에 따르면, 이 책에서 전염병으로 구체화된 악에 직면해서는 오직 대립과 싸움, 치유만이 존재할 뿐이다. 카뮈는 부조리를 견디면서도 커다란 행복감과 일상의 좌절 속에서 사는 것이 가장 인간적이라고 생각했다.

악마로 표현되는 '악'의 신화적 투사를 거두어들이고 때로는 심층심리학에서 전파하는 고통의 이데올로기 역시 그만두는 것이 합리적이다. 악이라고 경험하는 모든 상황에서 자신의 두려움과 변화의 가능성에 직면하는 것은 인간에게 주어진 기회다. 여전히 고통은 겪게 되겠지만 고통 자체가 아니라 인간의 한 측면으로서의 고통을 겪을 것이다. 이렇게 되면 자신의 삶에 대한 책임을 포기하지 않을 것이다.

우리는 왜 스스로 나쁜 경험을 악으로 바꾸는 것일까? 그것은 가능한 한 악으로 경험되는 것을 멀리하고, 그 경험을 명백히 '악'에 떠넘기려는 욕구에서 비롯되었을 것이다. 이는 그림자 투사와 그림자 위임의 일반적인 모습이다. 이러면 우리는 더 이상 그것을 책임질 필요가 없고 나쁜 일이나 악한 것은 일종의 운명이 된다. 그러나 우리는 칸트가 말한 자기 책임으로 이를 반드시 부정해야 한다.

악마와 마녀에 대한 믿음은 악을 무력화했다기보다 오히려 악을 없애려는 시도를 통해 악을 증대시켰다. '악'을 투사하면, 악을 만들게 된다. 말하자면 책임을 다해 그림자를 다루는 것을 진지하게 받아들여야 한다. 우리는 지금 우리가 악이라고 경험하는 것, 우리를 해치려는 것을 피하려고 노력해야 하며, 그것이 만약 외부에서 온다면 그것으로부터 자신을 보호해야 한다. 하지만 이에 못지않게 그림자를 수용하는 의미에서 삶에 대한 가치관을 바꾸는 것 역시 매우 중요하다. 이것은 인생에서 단지 밝은 것만 기대하는 것이 아니라 빛과 어둠, 웃음과 눈물, 삶과 죽음을 함께 기대하는 것을 의미한다. 악마가 존재해서가 아니라 그것이 바로 인간 삶의 본질이기 때문이다.

신화 속 악마나 중세의 마녀 대신 낯선 사람이나 낯선 것을 새로운 투사의 수단으로 찾는 것 역시 절대 용납될 수 없다. 이렇게 적대적 이미지를 투사함으로써 우리 자신의 그림자를 없애는 것은 위험한 일이다. 하지단 그런 일들은 너무나 간단하고 쉽게 일어난다. 우리는 집단의 적이라는 이미지를 투사해 기분 좋은 소속감―집단적 정체성의 측면에서―과 우리 자신의 정체성을 회복하기 때문이다. 우리는 좋은 사람들이고 다른 사람, 즉 낯선 사람들, 우리와 생각이 다른 사람들은 그림자를 가진 나쁜 사람들이다. 그렇기에 우리는 싸워야 한다는 것이다. 이런 생각은 정말 큰 오류다. 만약 그림자라는 주제가 모든 사람의 삶에서 중요한 주제로 인식되고 다루어진다면, 물리적인 충돌은 상당히 줄어들 것이다.

나치 독일과 융 심리학
\

융의 그림자 이론이 제2차 세계대전 이후에 부각된 것은 우연이 아니다. 전쟁의 공포뿐 아니라 나치 독일 시기에 그의 행동이 불러온 불가피한 결과였다.

처음에 융은 무의식에 대한 자신의 견해가 히틀러의 독일에서 그토록 인상적으로 받아들여졌다는 사실에 매료된 듯하다. 특히 보탄 문화(기독교가 전파되기 이전 게르만 민족들에게 있었던 문화로 사냥 등을 숭배했다고 한다—옮긴이) 숭배로 표현된 어떤 원형이 형성되었다. 융은 아마도 이때는 그야말로 자신의 심리학 이론, 특히 집단 무의식과 원형의 존재를 증명하고 독일에서 그 이론이 인정받는 데 관심이 있었을 것이다. 이로 인해 나치의 이념, 인간상, 정책에 대한 맹목이 생겨났다. 나치에 의해 프로이트의 글이 불태워진 뒤 더 이상 해서는 안 될 융의 일부 발언들이 사실은 프로이트에 대한 질투와 경쟁에서 비롯되었다는 점이 그 모든 상황을 나아지게 하는 것은 아니지만 어느 정도 이해할 수는 있다. 우르스 에슈바허 Urs Aschbacher는 프로이트가 종교를 신경증적이라고 선언했기 때문에 융 역시 종교계가 병들었으며 그 병이 융이 '유대의 유물론'에 분노한 주요 원인이었다는 매우 흥미로운 지적을 했다.[9]

내가 보기에 융은 독일에서 일어난 사건을 자신의 이론으로 해석할 수 있는 현상으로 여겼고, 이로 인해 자신의 이론이 급부상했다고 생각했다. 하지만 그의 해석은 가치 중립적이지 않았다. 게다가 그는 자신의 모든 해석이 정치적으로 사용될 수 있다는 사실을 목도하고 싶지 않았던 것으로 보인다. 융이 1945년에 발표한 글「대재앙 이후 Nach der Katastrophe」[10] 에서 그 사건이 자신에게 얼마나 큰 영향을 미쳤는지 알지 못했다고 밝힌 것은, 말하자면 그가 심리학과 정치의 연관성을 몰랐다는 의미였지만, 동시에 나는 그가 자신의 진술이 지닌 중요성도 몰랐다고 생각한다. 그는 자신의 중요성을 과소평가했다!

융이 그 기간에 자신이 했던 역할에 대해 1945년 이후에 더 철저하게 반성했더라면 더욱 바람직했을 것이다. 그는 매료되기만 했던 것은 아니고 처음부터 경고도 했으며[11] 자신이 크게 의지했던 원형으로부터 창조적 갱신이 실현되지 않았기 때문에 점점 더 실망하게 되었다.

융이 반유대주의자였는지, 어느 정도로 반유대주의자였는지에 대한 논의는 아마 결코 결론에 이르지 못할 것이다.[12] 나치 독일 시기의 융은 잘 알려진 대로 모순과 모호함을 견뎌야 했다. 물론 심층심리학의 선구자이자 사상가인 그의 정치적 과거를 고려해야 한다는 말도 틀린 것은 아니다. 융의 후계자들에게 이런 작업은 이론 창시자를 이상화하지 않고 인간으로 보는 것이며 그의 어두운 면도 여기에 포함된다. 위대한 거장들과 교류하는 것은 의미 있는 일이며 이는 미래 세대의 자유로운 창의성을 위한 전제 조건이다.

내가 보기에 융의 전기에서 발췌한 이 한 부분에만 집착하게 되면 융 심리학 전체의 풍부함을 보는 시야가 흐려지는 듯하다. 그리고 유감스럽게도 바로 이것이 논쟁의 의도인 것 같다. 융의 '나치 과거'를 언급하는 것은 대체로 그의 사상을 다루지 않기 위해서, 그리고 심리학에 대한 그의 공헌과 융 이후 분석가들의 선구적인 업적을 무시하기 위해서다.

융의 후학들을 위해서 융 심리학의 어떤 점이 그들을 이데올로기적으로 맹목적이게 할 수 있는지 묻는 것은 당연히도 몹시 중요하다. 나는 무엇보다 원형의 개념에 대해 생각한다. 그러나 나치 독일에 관한 융의 진술을 토대로 원형과 원형적 흐름의 실체를 부정하고, 따라서 그것이 무용하다고 생각하는 것은 인정할 수 없다. 중요한 것은 원형적 흐름에 대한 의식적이고 비판적인 접근 방식이다. 융은 나치 시대에 대한 그의 중요한 결론을 담은 『현대사에 대한 에세이 Aufsätze zur Zeitgeschichte』의 후기에 다음과 같이 썼다. "원형의 실현이 의식적으로 이루어지지 않으면 그것이 유리한 형태로 실현될 것이라는 보장이 없다. 오히려 나쁜 퇴보가 일어날 위험이 있다. 영혼은 바로 이 파괴적 가능성을 막기 위해 의식을 가지고 있는 것으로 보인다."[13]

원형적 상징과 이와 관련된 집단적 흐름으로 나타나는 해결되지 않은 문제는 사람들의 의식이 비판적이고 단호하게 여기에 참여할 때만 창조적인 충동이 될 수 있다. 그렇지 않으면 쉽게 기존의 조건을 강화하거나 집단적인 퇴보로 이어질 수 있는데, 이는 특정 이념에 대한 헌신으로 이어져 근본주의적 사고의 토대가 될 수 있다. 의식과 원형적 내용 간의 이런 대립의 중요성을 놓쳐서는 안 된다. 그렇지 않다면 우리는 융의 실수로부터 어떤 것도 배우지 못할 것이다.

융의 심리학 이론은 널리 퍼져 있다. 문제는 이론의 개별적인 부분이 진지한 고려 없이 받아들여진다는 것이다. 융의 심리학은 인간에게 종교의 필요성을 강조한다는 점에서 아주 매력적이다. 한편으로 교회의 가르침으로 사상적이라는 의심을 받고 다른 한편으로 난해함 때문에 소외되었던 종교는 많은 구도자들의 흥미를 끄는 방식으로 융 심리학에서 재발견될 수 있다. 하지만 필요한 개인적, 비판적 토론 없이 집단적 원형 이미지에 사로잡혀 거기에 '휩쓸려' 가는 행위는 정말 위험하다. 토론이 이루어지지 않으면 심층심리학의 해방적인 주장은 사라지고, 우리는 더 자유로워지기는커녕 오히려 자유가 줄어들 것이다. 융이 남긴 유산의 이런 측면과 융 자신의 모호한 행동을 가능한 한 많이 밝혀야 할 것 같다. 또한 나치 시대에 융이 우리가 기대한 대로 행동하지 않은 데서 오는 실망감을 극복하고 그것을 받아들이는 것 역시 중요해 보인다.

집단과 개인
\

우리는 고립된 개인으로 살지 않는다. 전쟁, 반체제 인사의 말살, 억압 등이 우리에게 파괴적인 영향을 끼치는 것과 마찬가지로, 좋은 일이든 나쁜 일이든 사람들이 하는 일은 우리에게 영향을 미친다. 융은 「대재앙 이후」에서 다음과 같이 말했다. 사람은 인간성을 통해 다른 모든 사람과 연결되어 있기 때문에 "범죄는 우리의 의식에 보이는 것처럼 고립된 상태, 즉 이미 고립되었거나 고립될 수 있는 정신 상태에서 일어난다기보다는 오히려 더 넓은 맥락에서 일어난다."[14] 고대부터 이어진 이런 생각은 오늘날에도 굉장히 존중받고 있다. 플라톤은 추한 것을 보면 우리 안에서도 추함이 깨어난다고 했다. 그림자는 집단적 현상이므로 인간으로서 우리는 모든 그림자의 측면들을 가지고 있다. 그리고 그림자와 그림자와의 대립은 근본적으로 인간의 일부이고—실제로는 원형이다—인간이 존재하는 한 그림자는 문제로 남을 것이다.

이런 맥락에서 융은 집단적 죄책감을 정의로운 사람이든 불의한 사람이든 상관없이 모두에게 영향을 미치는 비극적인 운명으로 언급했다.[15] 집단적 죄책감은 개인적 죄책감과 구별되어야 하며, 이 점은 자연스럽게 몇 가지 질문들을 불러온다. "나는 이 그림자와 어떻게 살아가야 하는가?" "악에도 불구하고 살아가기 위해서는 어떤 태도가 필요한가?"[16] 나는 그 악과 함께 살아가야 한다고 덧붙이고 싶다.

이런 질문은 제2차 세계대전 이후에 융과 그의 제자인 에리히 노이만이 아주 강력하게 제기한 것이다. 융은 개개인이 답을 스스로 찾아야 한다고 강조했지만 그의 작업에서 이에 대한 몇 가지 대답을 찾을 수 있다. 그에게 정신이란 자기 조절 시스템이다. 이 개념은 오늘날 우리에게 매우 익숙하지만, 1916년 융이 이를 발전시켰을 당시에는 매우 혁명적인 생각이었다.[17] 그는 이 가설에 근거하여 전쟁처럼 집단적 악이 지배하는 상황에서는 집단적 질서의 정신적 상징이 보상으로 나타난다고 주장했다.

융은 1946년 「그림자와의 대결 Der Kampf mit dem Schatten」이라는 글에서 제2차 세계대전 기간에 집단적 그림자의 영향으로 개인의 정신이 해체되고 파괴되어 혼란에 빠졌지만 '집단적 질서의 상징'인 만다라 Mandala (힌두교와 불교에서 사용되는 용어로 원형의 기하학적 무늬를 의미한다—옮긴이)로 표현되는 새로운 보상이 나타났다고 썼다.[18] 혼돈과 파괴성에 대항하는 질서의 원형을 제시한 것이다.

오늘날 우리는 인간 정신의 자기 조절이 특정한 조건, 예를 들어 자아 콤플렉스의 일관성[19]과 연관되며, 심각한 우울증 같은 경우에는 자기 조절이 작동하지는 않지만 치료적인 관계를 통해 회복될 수 있다는 것을 알고 있다.

융은 이 보상 개념을 중요한 맥락에서 다루는 흥미로운 언급을 했다. "(…) 그러나 개인이 이성의 마지막 흔적을 잡거나 인간관계의 유대감을 유지할 수 있다면 의식의 혼란을 통해 무의식에서 새로운 보상이 생겨나고, 그 보상은 의식에 통합될 수 있었다."[20] 이런 보상은 항상 발생하는 것은 아니지만 '이성의 잔재'―그것이 무엇을 의미하든―를 여전히 유지할 수 있는 사람들에게서, 더 중요하게는 타인과 관계를 유지하고 있는 사람들에게서 발생한다. 인간관계가 존재하는 곳에서는 보상이 일어날 수 있는 것이다. 그림자를 다루는 맥락에서 이 발언은 보상의 문제를 넘어선다. 진정한 관계를 식별할 수 있다면 그림자를 다룰 수 있다. 그렇기에 관계는 그림자 앞에서 체념에 대한 일종의 해독제처럼 보인다. 물론 관계에서 그림자가 나타나기도 한다. 하지만 누군가와 관계를 맺고 사랑하기로 결심함으로써 우리는 그림자를 보다 책임감 있게 다룰 수 있다.

융에 따르면 세상 모든 악의 가장 중요한 원인 중 하나는 인간의 무의식이다. 그것을 막는 데는 인식이 도움이 된다. 개인의 그림자에 대한 인식뿐 아니라 신의 형상에 대한 인식을 통해 더 이상 빛과 어둠으로 나눌 필요가 없게 된다. 결국 이 작업은 인간의 모습에 관한 것이기도 하다. '그림자를 인식하며' 살아간다면 사람들은 서로를 다르게, 조금 덜 파괴적으로 대하게 될 것이다.

악을 다루기 위한 새로운 윤리

\

 융의 유대인 제자였던 에리히 노이만은 융이 앞에서 이야기한 사항을 고려하던 때와 거의 같은 시기에 『심층심리학과 새로운 윤리』를 썼다. 이 저서는 1949년 취리히의 라셔 출판사에서 발행되었고, 서문에 따르면 제2차 세계대전 중에 쓰였다. 주제는 '악을 다룰 때는 새로운 윤리가 필요하다'는 것이었다.

 이 책에서 노이만은 우선 나치의 통치권을 악으로 규정했으며 유색인종의 평등을 방해한 것도 악으로 규정했다. 궁극적으로 악이 인류가 하나 되는 것을 방해한다는 것이다.[21] 그는 사람들이 악에 맞서 싸우게 되는 동기가 무엇인지 물으며, 새로운 윤리의 필요성을 역설했다.

 노이만은 이를 증명하기 위해 우선 고대 윤리를 설명한다. 그는 유대―기독교―그리스의 윤리를 토대로, 한편으로는 성인과 현자, 고귀한 인격을 갖추고 선을 위해 싸우는 사람을, 다른 한편으로는 냉정한 영웅을 모델로 삼는다. 고대 윤리의 핵심은, 우리가 알아야 할 선이 있으며 그것은 절대적이고 완전함이라는 이상향에 들어맞는다는 것이다. 이 선은 생각하거나 실천해서는 안 되는 부정적인 것들도 결정한다.

부정적인 것의 억압이나 분리는 절대적인 선의 결과이며, 그 분리로 인해 사람들은 희생양과 도플갱어가 필요하고 종국에는 전쟁이 발생하게 된다. 노이만에 따르면 고대 윤리가 다루는 것은 의식뿐이며, 그것은 도덕적 법칙이다. '우리가 꼭 해야 할 것들'은 따라야 할 일반적인 지침으로 여겨지는 것이다. 노이만에 따르면 고대 윤리는 집단적 윤리다. 이 윤리는 자신의 그림자 측면을 부정하고 그것을 투사한 것에 대한 책임이 있다.

노이만이 고대 윤리를 단면적으로 묘사한 것은 이해할 만하다. 그는 새로운 윤리로 오래된 것을 반박하고 싶어 했기 때문이다. 그러나 실제로 고대 윤리는 노이만이 제시한 것보다 훨씬 더 복잡하고 변증법적인데, 우리는 성 바울의 말을 떠올려볼 수 있다. "나는 내가 원하는 선을 행하지 아니하고 내가 원하지 아니하는 악을 행하노라."[22] 이것 역시 고대 윤리다. 루터도 천국에 가기 위해 윤리적으로 행동해야 하는 것이 아니라, 우리에게 나쁜 면이 있음에도 받아들여진다는 감각을 바탕으로 행동해야 한다고 말했다. 이렇게 수용하는 태도는 그 자체로 훌륭하다. 루터는 매우 흥미로운 의견을 내놓았다. 우리는 그림자가 존재함에도 받아들여진다는 것이다. 그는 이미 그림자를 인간의 조건으로 인식했다. 이런 고대 윤리는 단순히 의식의 윤리가 아니며, 관계를 규정하기 때문에 이미 관계의 윤리다. 나는 고대 윤리에 대해 포괄적 평가를 하고 싶지 않지만, 어느 정도는 공정하게 평가하는 것이 가치 있다고 본다.

노이만은 낡은 윤리와 새로운 윤리를 비교한다. 새로운 윤리는 사람들 내부에 존재하는 긍정적, 부정적 힘을 인식하고 그 힘을 개인과 공동체의 삶에 통합하는 것이다. 그는 이렇게 썼다. "나의 그림자 측면은 인류의 그림자 측면의 일부이자 대표이며, 나의 그림자가 반사회적이고 탐욕스럽고 잔인하고 사악하고 또 가난하고 비참하다면 (…) 그런 측면들과의 화해 뒤에는 인류와 어두운 형제와의 화해가 있다. 그것을 받아들이고 그 안의 나 자신을 받아들임으로써 나는 내 그림자인 '내 이웃', 즉 인류의 모든 부분도 받아들이는 것이다."[23]

그림자가 그 내용이 개인적이라 할지라도 언제나 집단적 그림자라는 융의 생각은 이 지점에서 분명하게 드러난다. 개인적인 그림자 측면은 인류의 그림자의 한 부분이며, 어두운 면과 화해한다는 것은 인류의 가장 증오스러운 측면과 화해하는 것이기도 하지만 인류의 본성, 특히 어두운 면을 수용한다는 선언이기도 하다.

새로운 윤리는 우리가 잔인하고 사악하며 반사회적인 그림자 행동을 하는 지점을 확인하고 이를 용서할 것을 요구한다. 이것은 말은 쉽지만 실제로 행동으로 옮기기는 쉽지 않다. 그렇게 쉬운 일이었다면, 우리는 그림자가 우리에게서 멀어지도록 온갖 수단을 동원할 필요가 없었을 것이다.

새로운 윤리를 이끄는 원칙은 통합이다. 우리의 내면에서 대립하는 것들은 통합되어야 하며, 노이만의 이론에 따르면 그것들은 자기Selbst, Self 안에서 통합된다. 그 결과 '개인적 윤리'가 탄생한다. 노이만은 '마땅히 지켜야 하는' 규칙을 잘 엄수하는지 '감시'하는 오래된 윤리의 초자아를 인격의 중심이자 전체인 자기로, 지켜야 할 규칙을 내면의 목소리로 대체한다. 초자아는 양심에 대응하는데, 양심이 집단적으로 형성되면 개인은 책임을 지지 않는다. 이것은 따라야 할 자기의 표현인 내면의 목소리와 대조된다. 이런 방식으로 우리는 억압되지 않고 통합될 수 있으며 인간으로서 완전해지겠지만 완벽하지는 않을 것이다. 이렇게 그림자- 없는 완벽함이라는 이상은 극복될 것이다.

실제로 그런지 아니면 완전성의 개념이 뒷문을 통해 들어온 또 다른 과장된 이상에 불과한지에 대해서는 의문을 가질 수 있다. 완전성에 대한 노이만의 주장에 따르면, 개인은 반드시 훌륭해야 하는 것은 아니지만 진실하고, 자율적이고, 건강하고, 창의적이어야 한다. 이는 우리 모두가 그림자를 통합할 때 나타나는 결과다. 무엇보다 우리는 '전염성'이 없을 것이다. 우리는 우리의 그림자를 다른 사람에게 퍼트리지 않을 것이고, 그것을 투사하거나 위임하지 않을 것이다. 그 대신 진실한 태도로 그것을 책임질 것이다. 노이만은 이렇듯 '전염성'을 갖지 않는다는 목표가 인류 전체의 창의성보다 중요하다고 보았다.

우리는 인류가 그림자에 먹혀서 완전히 그림자에 가려질 수 있다는 노이만의 우려와 언제나 통합이 분리보다 낫다는 그의 생각에 분명 동의할 수 있다. 하지만 내면의 목소리는 어떤가? 내면의 목소리를 듣고 그 목소리를 따르는 것이 그렇게나 간단한 일일까? 우리는 의심할 여지 없이 삶에서 내면의 목소리를 확실히 듣는 순간이 있다. 특히 그 목소리에 반대하는 결정을 내리거나 갈등을 겪을 때 그렇다. 하지만 일상생활에서 내면의 목소리를 듣기란 그리 쉬운 일이 아니다. 우리는 꿈에서 내면의 목소리를 들을 수 있지만 때때로 이해하기 쉽지 않고 꿈속에서 그저 진실을 알게 되는 것도 아니다. 꿈은 우리의 의식적 경험에 아주 중요한 어떤 관점을 불러온다. 하지만 본질적으로 의식은 늘 무의식과 교류해야 하며 어떤 의

문도 없이 무의식을 따를 수는 없다. 물론 한편으로는 우리 안에 무엇을 해야 할지 정확하게 말해주는 지식의 원천이 있다면 너무나 멋진 일이겠지만, 다른 한편으로는 그런 지식이 끔찍할 것이다. 그런 지식이 있다면 우리는 그저 내면의 목소리와 명령을 행동에 옮기는 사람에 불과하기 때문이다.

그렇기에 자기가 표현하는 내면의 목소리를 따른다는 노이만의 이론은 중요하지만 실현하기는 쉽지 않으며, 대체로 그의 주장에는 관계의 윤리가 빠져 있다. 전염성이 없는 존재라는 주제를 다룰 때만 그 논의를 암두적으로 언급한다.

노이만의 이 책은 커다란 파문을 일으켰다. 융은 1948년 12월에 이 저자에게 쓴 편지에서 새로운 윤리에 관한 글이 이미 큰 반향을 일으키고 있으며, 당시 융 연구소에서 2년마다 발행하던 시리즈에 이 연구를 포함할지에 대한 논의가 진행 중이라고 썼다. "'새로운 윤리'라는 제목은 이미 하나의 큰 징후네. (…) 우리의 코에는 독가스가 들어갈 것이고 우리의 머리에는 흙이 묻을 것이네."[24] 하지만 융은 결국 그 화제성에 대해 고마움을 표했다.

9년 후인 1957년 6월 3일에 쓴 편지[25]에서 융은 노이만에게 더욱 명확한 입장을 취했다. "우리는 소위 '새로운 윤리'에 대해 이야기하고 있지. 나는 기본적으로 '새로운 윤리'

에 동의하지만, 이 미묘한 문제를 약간 다른 언어로 표현하는 게 낫다고 생각하네. 그것은 실제로 '새로운' 윤리가 아니네. 악은 늘 우리가 해서는 안 되는 일을 하는 것이네. 불행하게도 사람들은 이런 측면에서 자신을 과대평가하지. 그들은 선을 의도하거나 악을 의도하는 것은 자유라고 믿어. (…) 윤리는 사람이 의도적으로 악을 행하는 것을 불가능하게 하고, 종종 성공적이진 않지만 선을 행하도록 격려하는 것이네. 즉 사람은 선을 행할 수는 있지만 악을 피할 수는 없네. 악은 불가피하므로, 사람은 결코 그 죄에서 온전히 벗어날 수 없지. 우리는 이 사실을 알아야 하네. 이는 새로운 윤리로 이어지지는 않지만 더욱 차별화된 윤리적 고려, 즉 '내가 죄에서 벗어날 수 없다는 사실을 어떻게 받아들여야 하는가?'라는 질문을 하게 하네."[26]

그리고 다시 칸트의 오랜 관심사로 돌아온다. 즉 악은 항상 존재하지만 문제는 우리가 이 사실을 어떻게 다룰 것인가다. 1957년에 융은 새로운 윤리가 필요한 것이 아니라 더욱 차별화된 윤리적 고려가 필요하다고 믿었다.

노이만은 개인적 윤리가 충분히 악에 맞설 수 있다고 보았다. 만약 개개인이 그림자를 자신의 삶에서 충분히 통합하고 그것을 의식화할 수 있다면—이것은 융의 이론과 완벽히 일치한다―아마도 악은 사라질 것이고 적어도 인간의 파괴성은 줄어들 것이다. 이에 반해 융은 악이 늘 문제로 남을 것이라고 강조했다. 이 점에 대해 겸손한 입장을 취하는 것이다. 융에게는 빛과 어둠에 대한 변증법적 접근 방식을 항상 유지하는 것이 중요하다. 그는 우리가 한 인간의 그림자를 바라볼 때는 늘 그 사람의 빛 속에서 보아야 한다고 생각했다. 실제로 이것은 아주 중요한 의미의 단서다. 예를 들어 꿈을 통해 어떤 사람의 그림자 특성이 드러난다면 그 꿈을 꾼 사람은 이런 말을 자주 한다. "하지만 저는 그렇게 나쁘지 않아요." 그러면서 좀 더 밝은 면을 끌어들인다. 이것은 단순히 그림자 측면에 대한 방어가 아니라, 그림자에 완벽하게 압도당하지 않으려는 노력이기도 하고, 어느 정도 자신을 정의롭게 대하려는 시도이기도 하다.

융은 자서전인 『기억, 꿈, 사상』에서 윤리적 결정은 주관적인 창조 행위이며 권위에 따른 결정과는 대조적이라고 강조한다.[27] 이 창조 행위를 통해 무의식의 충동을 인식할 수 있지만 그 책임은 의식적인 자아가 진다.

융은 개인이 보통 너무 무의식적이어서 의사 결정의 여러 선택 사항을 알지 못하고, 그래서 두려움을 가진 채 외부의 규칙과 법률에 자신을 적응시킨다고 썼다. 문제는 교육에 있었다. 교육은 주로 일반적으로 알려진 것에 기반을 두고 개인의 개별적 경험에는 기반을 두지 않기 때문이다.[28] 따라서 개인이 결코 이룰 수 없는 이상주의를 가르친다. 여기서 그림자를 처리하는 방법의 또 다른 단서를 찾을 수 있다. 우리는 교육을 통해 단순히 바람직한 행동의 지침을 제공하는 데 그치지 않고 그림자의 문제점, 윤리적 결정의 어려움에 관해 더 많이 이야기할 수 있을 것이다.

융은 삶의 마지막 해에 악에 대한 질문에 다음과 같이 답했다. "오늘날 제기되는 악에 대한 답을 얻고자 하는 사람이라면 무엇보다 자신에 대한 근본적 인식이 필요하다. (…) 자신이 얼마나 많은 선을 행할 수 있고 얼마나 많은 악행을 무자비하게 저지를 수 있는지 알아야 하며, 한쪽은 현실로 여기고 다른 한쪽은 환상으로 여기지 않도록 주의해야 한다."[29]

이 말은 악에 대처하는 방법에 대한 새로운 윤리를 요구하는 것이 아니라, 더 철저한 자기 인식을 통해 자신의 잘못을 타인에게 돌리지 말라는 것이다. 이런 선언은 우리에 대한 건강한 불신인 동시에 건강한 수용이다. 더 나아가 융은 우리가 더 이상 모순에 빠져서는 안 된다고 주장했다. "악에 손을 대면 그 즉시 악에 시달릴 위험이 발생한다. 그러므로 더 이상 '먹잇감'에 빠져서는 안 된다. 선한 것도 마찬가지다."[30] 이렇게 되면 선과 악은 절대적인 성격을 잃고, 반복해서 결정해야 하는 '판단'으로 이해될 것이다. 사실 우리가 선과 악 중 하나를 선택해야 하는 경우는 거의 없으며, 오히려 더 나은 것과 더 나쁜 것 사이에서 선택해야 한다.

노이만은 제2차 세계대전의 악에 대항하여 새로운 윤리를 선언했다. 나는 그가 유대인으로서 겪어야 했던 엄청난 파괴성에 대한 반응으로 이런 식견을 내놓은 것이 매우 놀랍다. 이는 인간이 변화할 수 있으며 궁극적으로는 선해질 수 있을 것이라는 희망에서 나온 것이다. 하지만 1948년에 새로운 윤리를 향한 요구는 폭발적이었다. 노이만의 글에서 우리는 사람들이 충분히 인식하기만 하면 궁극적으로 투사된 모든 것을 되찾을 수 있고 그것이 큰 인격 변화를 가져올 거라는 정신분석학 운동의 희망을 여전히 만나게 된다.

이 관점에서 볼 때, 인간은 끊임없이 모든 것을 밖으로 투사하면서도 모든 것을 안으로 받아들일 수 있는 비교적 폐쇄된 체계를 가졌다고 할 수 있다. 오늘날 우리는 관계적 맥락에서 더 많이 사고하고, 체계적으로, 무엇보다 역동적으로 사고한다. 그리고 모든 새로운 사상은 새로운 그림자를 만들어낸다.

그림자의 완전한 통합이라는 개념은 개인을 하나의 독

립된 단위로 간주하는 것과 같다. 이 말은 충분한 인식을 통해 그림자가 더 이상 존재하지 않을 때까지 통합을 발전시킬 수 있다는 뜻이기도 하다. 하지만 우리는 많은 그림자 측면을 전부 통합할 수 없을 것이다. 예를 들어 누군가를 죽일 수도 있겠다는 살인적인 분노가 그렇다. 우리는 그 분노를 인정할 수 있고, 통제 메커니즘을 통해 그런 상황에 처하지 않을 수 있다. 그렇게 우리는 그림자를 받아들이고 그것에 책임을 지는 것이다.

만약 우리가 노이만이 요구한 대로 초자아 윤리를 버릴 수 있다면, 모든 권위 콤플렉스도 다룰 수 있을 것이다. 초자아는 특히 권위자들이 우리에게 요구하고 장려하는 것들과 권위 콤플렉스에 얽매여 있는 것들의 집합체다. 노이만의 새로운 윤리의 목표는 권위 콤플렉스의 해소이며, 아마 이는 매우 바람직한 모습일 것이다. 권위 콤플렉스는 이 콤플렉스의 지배를 받는 자아가 거의 자유를 누리지 못하고 여전히 내면화된 권위가 요구하는 삶을 살도록 한다. 바람직한 자존감은 자신의 욕망과 역량을 활성화하는 데서 나오기 때문에, 권위 콤플렉스의 영향을 받으면 자존감이 상당히 낮아진다. 그러면 종종 권력의 그림자로 보상을 받아야 한다. 노이만의 이론은 분명 옳다. 만약 우리가 권위 콤플렉스를 해소하고 초자아의 지배에서 벗어날 수 있다면, 그림자의 대부분은 더 이상 그림자로 이해되지 않고 생명력으로 이해되어 활용될 수 있을 것이다. 권위 콤플렉스를 다루는 것은 우리의 평생 과제이며, 우리가 끊임없이 해소해야 할 것은 권위 콤플렉스만이 아니다. 이와 연관된 부모 콤플렉스도 마찬가지다.[31]

    노이만의 새로운 윤리에 관한 이론은 아주 고무적이지만 그가 상상한 형태로 실현될 수는 없다. 그럼에도 불구하고 나는 그의 책 제목인 '심층심리학과 새로운 윤리'가 커다란 자극을 준다고 생각한다. 이 제목은 심리학의 틀 안에서 언제나 새로운 윤리를 생각할 수 있고, 새로운 윤리의 비전을 세울 수 있다고 암시하기 때문이다. 비록 집단적 그림자가 끔찍한 전쟁에서 그 존재를 증명했다 할지라도 말이다. 우리는 어떻게 하면 덜 파괴적인 방식으로 그림자를 다룰까 하는 고민을 결코 멈추어서는 안 된다.

06

그림자를
수용하기

신화로 보는 그림자 수용: 인안나와 에레슈키갈
\

　신화는 무엇보다 특정 시대, 특정 문화권의 자신과 세계에 대한 해석이다. 신화의 목적은 전형적인 인간의 문제를 가진 개인을 집단에 그리고 종종 우주에 통합하여 삶을 이해하게 하는 것이다. 그러나 신화는 집단 무의식의 표현인 동시에 모든 사람에게 적용되는 특정한 실존적 상황에서 자신과 세계를 해석하는 모델이기도 하다. 신화는 오늘날 우리에게도 영감을 주는데, 우리의 상상력을 자극하고 신화가 제시하는 문제를 거울삼아 지금 당면한 문제를 바라보도록 한다.

　신화는 과학과 마찬가지로 경험의 체계다. 그러나 신화는 현실에 대한 다양한 이미지를 활용하고, 그 이미지들이 다채롭고 감정을 자극해 공동의 상상 공간을 형성한다는 점에서 흥미롭다. 또한 이 이미지들은 세계를 해석한다. 그림자를 다루는 것이 실제로 집단적 문제, 더 나아가 원형적 문제라면, 많은 사람이 그림자를 다루는 방식이 신화나 동화에 반영되었을 것이다. 따라서 신화나 동화는 오늘날 우리가 그림자에 접근하는 방식에 부분적으로나마 적용해볼 만한 모델이 될 수 있다.

그러면 먼저 인안나와 에레슈키갈에 관한 수메르 신화[1]를 통해 이 점을 살펴보자.

이 신화는 기원전 2500년경에 유프라테스강과 티그리스강 사이 메소포타미아 지역, 오늘날 이라크 남부에 위치한 수메르에서 기록된 것이다. 인안나와 에레슈키갈은 그림자 자매다. 아침의 별과 저녁의 별의 모습을 한 인안나는 하늘의 여신이자 땅의 여신으로 생명과 낮, 지상 세계를 아우른다. 하지만 모든 나라의 여왕이기도 하므로 막강한 힘을 가지고 있으며, 물의 신이자 지혜의 신 엔키와 내적으로 연결되어 있다. 그녀는 또한 사랑, 아름다움, 용기, 결단력의 여신으로 여겨지며 매우 호전적이기도 하다. 그녀의 전차는 그녀가 이끄는 강력한 역동성을 상징하는 일곱 마리의 사자가 끈다.

인안나는 우루크의 목동왕인 두무지와 성스러운 결혼식을 올렸다. 성스러운 결혼식은 언제나 하늘과 땅이 결합하는 일이고, 그리하여 창조의 영원한 지속을 보장하는 상징이다.[2] 우리는 성스러운 결혼을 다양한 차원에서 이해할 수 있다. 식물에 관한 신화로도 이해할 수 있지만, 정반대인 것들이 사랑으로 결합하여 창조적인 삶을 만드는 것을 상징한다고 볼 수도 있다. 인안나는 두무지와의 신성한 결혼식을 위해 목욕을 하고 기름을 발라 치장했다고 전해진다. 그녀는 자신의 아름다움에 스스로 감탄하며 열렬하게 두무지를 불렀다.

인안나의 그림자 자매는 에레슈키갈이다. 에레슈키갈의 입장에서는 인안나가 그림자 자매다. 에레슈키갈은 살아 있는 자에게 금지된 지하 세계, 죽음, 어둠의 여신이며 '죽음의 눈'으로 생사를 결정한다. 그녀는 가장 원초적인 에너지를 가진 인물인데, 밤낮으로 남자와 동침해도 만족하지 못한다. 인안나는 쾌활하고, 에레슈키갈은 탐욕스럽다. 한쪽은 다산과 풍요를 의미하고, 다른 한쪽은 사멸을 의미한다. 신화에서 에레슈키갈은 늘 우울하고, 화나 있고, 외로운 상태로 자신의 위대한 힘을 무력하게 표출한다.

인안나에 관한 다양한 신화적 이야기가 있지만, 여기서는 그림자 수용을 다루는 부분에 특히 집중할 것이다.

인안나는 무언가를 부르는 소리를 듣고 땅 아래의 세상에 귀를 기울인다. 그림자와의 대결은 이렇게 시작된다. 무언가가 우리를 부르고, 우리는 귀를 기울인다. 그 무언가는 우리를 괴롭히는 '그림자 꿈'일 수도 있고, 단순히 신경 쓰이는 존재일 수도 있다. 누군가가 우리의 어두운 면을 지적할 수도 있고, 우리 스스로가 삶에서 무언가 잘못되었다고 느낄 수도 있다.

인안나는 그 소리를 듣고 머물던 지상을 떠나 땅 아래 깊은 곳으로 내려간다. 신화에서는 인안나가 남긴 모든 것을 길고 자세하게 묘사하는데, 이를 통해 우리는 그녀의 힘이 미치는 범위와 그녀가 가진 자원을 확인할 수 있다. 이것은 그림자를 다룰 때 매우 중요한 부분이다. 우리는 먼저 우리의 밝은 면, 우리의 역량, 우리가 이미 성취한 것을 생각한다. 그림자 측면에 진정으로 맞서기 위해서는 우리가 가진 모든 힘이 필요하다. 우리가 어떤 능력과 아름다움을 가졌는지 다시 한 번 인식해야 한다.

인안나가 자신이 가진 모든 것, 즉 일곱 가지 신성한 힘으로 자신을 장식한다는 사실이 이를 보여준다. 인안나에게는 그녀를 땅과 연결해주는 야생의 대초원 왕관이 있고, 그 위에는 측정관과 측정자, 올바른 측정을 나타내는 기호, 별이 있는 하늘의 상징인 청금석 구슬, 다산과 재생 가능성을 상징하는 달걀 모양의 이중 돌, 태양과의 연결을 나타내는 황금 팔찌가 있다. 그다음 인안나는 흉갑을 착용하는데 이것은 아마 브래지어의 오래된 형태일 것이며, 잠재적인 유혹, 에로틱한 힘을 의미하지만 어쩌면 방어적인 성격도 있을 것이다. 여기에 '눈의 빛깔'이 더해지는데, 이는 아마도 관능적이고 에로틱한 시선을 표현한 것으로 보인다. 무엇보다 인안나는 고귀한 여왕의 옷을 입는다. 그녀가 여기서 보여주는 페르소나는 정말 인상적이다.

　인안나는 아래에서 들려오는 부름을 듣지만 즉시 따르지 않고, 불경스러운 영역에 들어가기 전에 신성한 힘으로 자신을 둘러싼다. 그리고 자신의 자원을 돌아보고 의식적으로 그것을 과시한다. 이를 좀 더 일상적인 그림자 대결로 옮겨보면, 우선 자기 성찰은 수용적이고 긍정적인 의미에서 일어나는데 과거에 자존감을 강화했던 모든 것을 의식으로 끌어오는 것이다.

　하지만 인안나는 거기서 그치지 않고 지하 세계로 내려가기 전에 여사제 닌슈부르에게 지시를 내린다. 닌슈부르는 지상 세계에 남아 있다가 만약 인안나가 3일 후에도 돌아오지 않으면 신들에게 인안나를 도와달라고 요청해야 하는 것이다. 인안나는 자신을 돕는 구체적인 방법도 지시한다. 그녀는 지하 세계로 가는 과정이 매우 어려우리라고 예상한 것이다.

그림자와의 만남은 자신이 가진 모든 힘, 삶의 모든 가능성, 성공적인 삶의 모든 지표를 다시 한번 상기하는 일일 뿐 아니라, 그림자와의 대결이 필요 없는 자신의 일부를 남겨두는 것도 의미한다. 즉 자신이 완전히 그림자에 가려지는 것을 허용하지 않는다는 뜻이다. 이는 영원히 그림자 세계에 머물지 않도록 예방 조치를 취하고, 신화에서 죽음의 영역인 이 세계와 완전히 동일시되지 않으려는 것이다.

이건 무슨 의미일까? 그리고 이런 하강은 어떻게 이루어질까?

인안나는 지하 세계의 문에 도착한다. 그녀는 소리를 지르며 그 문을 깨부수려 한다. 인안나는 참을성이 없고, 요구가 많고, 충동적이며, 권위주의적인 여신이다. "문지기, 당장 문 열어!" 그러자 문지기 네티가 문을 열기 전에 그녀의 정체를 묻는다. "당신은 누구신가요?" 인안나는 대답한다. "나는 아침으로 가는 여정에 있는 샛별이다." 저녁, 밤, 아침을 연결하는 이미지, 즉 밤을 거쳐 아침으로 간다는 상징을 통해 그녀는 자신이 변화를 추구하는 사람이라고 말하는 것이고, 이것이 바로 지금 그녀의 정체성이다.

우리가 그림자와 마주했을 때, 우리의 정체성에 질문을 던지는 것은 매우 중요하다. 특히 이 신화에서 보듯이 힘의 범위가 줄어들고, 우리를 지탱하던 관계가 더 이상 존재하지 않으며, 권력의 휘장이 사라졌을 때 더욱 그렇다. 인안나가 자신을 자연스러운 변화를 추구하는 별로 여긴다는 사실이 바로 그녀의 정체성이다. 그림자 수용은 변화를 추구하고 받아들이는 것을 의미한다. 그러나 문지기 네티는 이렇게 대답한다. "이곳은 돌아갈 수 없는 땅입니다." 이 말은 변화의 가능성은 없고 죽음만 있다는 뜻이다. 어쩌면 이 말은 어떤 변화 없이는 돌이킬 수 없는, 사람이 삶에서 '거쳐야' 하는 실존적 상황을 가리키는 건 아닐까?

네티는 이제 인안나에게 여기에 온 이유를 물었고, 인안나는 하늘의 황소, 즉 에레슈키갈의 남편이 길가메시와 엔키두에게 죽임을 당해 그의 장례식에 가고 싶다고 말한다. 자신이 온 것은 역시 오래된 질서가 파괴되었기 때문이라는 것이다. 오래된 질서가 더 이상 작동하지 않을 때, 그림자를 수용하거나 억압되었던 것을 회복하는 것은 우리 삶에 필수적이다. 하지만 도리어 인간성의 많은 부분이 가려지고, 삶의 너무 많은 부분이 억압되었기 때문에 오래된 질서가 더 이상 유지되지 않는 것도 사실이다.

에레슈키갈은 인안나가 지하 세계로 통하는 일곱 개의 문 중 하나에 도착했다는 소식을 듣는다. 그녀는 인안나의 방문에는 전혀 관심이 없으며 오히려 인안나가 영광스러운 차림으로 왔다는 데 분노한다. 그녀는 네티에게 인안나가 문을 하나씩 통과할 때마다 붙잡아 옷을 하나씩 벗기라고 지시한다. 네티는 에레슈키갈의 명령을 따른다. 지하 세계의 일곱 문은 인안나의 일곱 가지 신성한 힘에 대응한다. 인안나는 하나의 목표를 이루기 위해 일곱 가지 능력 중 하나를 포기해야 한다. 당연히 인안나는 매우 화가 났다. 네티는 신성한 관습을 반드시 수행해야 한다고 상기시킨다. "인안나! 신성한 관습은 반드시 지켜져야 하니 이를 어기지 않도록 조심하세요."[3]

신성한 힘과 상징을 하나씩 빼앗긴 뒤 결국 인안나는 완전한 알몸으로 언니 앞에 깊이 머리를 숙인 채 서게 되었다. 그리고 에리슈키갈은 나무 왕좌에서 내려오고 인안나가 그 자리에 앉는다.

이 이야기는 그림자와 대결하는 과정을 생생하게 묘사한 것이다. 한 사람이 페르소나의 면모와 축복받은 삶의 상징을 전부 버리고 벌거벗은 채 몸을 굽혀야 했고, 그다음에 역할의 반전이 일어난다. 인안나는 에레슈키갈의 자리를 차지하며 이제 자신의 그림자 자매인 죽음의 여신과 동일시된다. 즉 그림자와 동일시되는 것이다. 하지만 이게 전부가 아니다.

지하 세계의 심판관들은 인안나에게 죽음의 눈길을 보내고, 인안나는 썩은 살덩이에 불과한 채로 죽는다. 그림자와의 대결이 실제로 종국에 이르는 것은 기존의 인격이 죽는 것을 의미한다. 인안나는 이를 예견하고 닌슈부르에게 미리 지시해 둔 것이다.

닌슈부르는 인안나가 3일 낮, 3일 밤 이후에도 돌아오지 않자 불안해하며 슬퍼한다. 그녀는 인안나가 명령한 대로 물과 지혜의 신 엔키에게 도움을 청한다. 엔키는 손톱 밑의 진흙으로 두 생명을 만드는데 그 역시 한때 지하 세계에 있었던 듯 보인다. 왜냐하면 진흙이 에레슈키갈의 영역에서 나온 것이기 때문이다. 엔키는 진흙으로 갈라투라와 쿠르가라라는 두 존재를 만든다. 이들은 생명의 식물, 생명의 물과 함께 지하 세계로 보내진다. 이 '존재들'에게 문은 장애물이 아니다. 그들은 문틈으로 들어간다.

그사이 지하 세계에서는 많은 일이 일어난다. 인안나는 지하 세계에 들어갔기 때문에 에레슈키갈에게 삼켜지고, 그러자 죽음과 재생이 일어난다. 바로 그림자와의 동일시, 즉 옛 자아의 죽음을 통해서만 재생이 가능해지는 것이다.

이런 일들로 에레슈키갈은 더욱 외롭고 무력해지며 고통에 시달린다. 그런데 갑자기 갈라투라와 쿠르가라가 나타나 그녀에게 공감하고 연민을 베푼다. "내 몸, 오 내 마음!" 에레슈키갈이 이렇게 외치면 이들이 대답한다. "우리의 주인, 걱정이 많군요. 당신의 가여운 몸. 오, 당신의 불쌍한 마음." 이들은 고통받으며 그림자 속에 있는 에레슈키갈에게 공감한다. 에레슈키갈은 이 공감을 통해 변화하게 된다. 그녀가 묻는다. "누가 나와 함께 울고, 누가 나와 함께 신음하는가?" 그녀는 더 이상 혼자가 아니며, 더 이상 전체 지하 세계와 마찬가지로 다른 것들과 분리되지 않고 공존할 수 있다. 에레슈키갈은 이들에게 선물을 주고 싶어 한다. 하지만 갈라투라와 쿠르가라는 지하 세계에서 어떤 것도 먹거나 마셔서는 안 되며, 보상으로 인안나의 죽은 살점을 받아야 한다는 지시를 받았다. 에레슈키갈은 그들에게 자매의 죽은 살점을 주었고, 그들이 그것을 생명의 식물로 덮고 생명의 물을 뿌리자 곧 인안나가 깨어나 일어선다. 에레슈키갈은 말한다. "여왕을 데려가라."

하지만 인안나는 자신을 대체할 사람, 이 지하 세계에서 자신을 대신할 사람을 찾아야 한다. 긴 이야기가 끝나고, 그녀와 성스러운 결혼식을 올렸던 남편 두무지가 지하 세계로 보내진다. 두무지는 아내가 지하 세계로 여행을 떠난 사실을 알지 못했기 때문에 여전히 이 삶의 영역과 대립해야 했다.

인안나는 그를 '죽음의 눈'으로 응시한다. 이제 그녀는 에레슈키갈의 눈을 가지고 있는데, 이는 그림자와의 대결로 인해 그녀에게 일어난 변화다. 인안나는 이제 죽음과 지상에 있는 모든 것의 무상함에 대해 알지만, '죽음의 눈'으로 가상과 실재를 구별할 수 있으며, 모든 것에 그림자가 있다는 것을 알게 되었다.

이제 에레슈키갈과 연결되었으니 지하 세계는 다시 분리되지 않을 것이며 그림자와의 연결은 안전해졌다. 두무지가 반년을 지하 세계에서 보내자, 그의 누나 게슈티난나가 나머지 반년을 그를 대신하여 그곳에서 지내겠다고 제안한다. 만약 우리가 에레슈키갈을 빛나는 인안나의 파괴적이고도 우울한 그림자로 이해한다면, 이 파괴적인 그림자는 이제 창조적인 것이 되어 새로운 것을 탄생시킬 수 있게 되었다. 인안나는 더 이상 단순히 빛나는 하늘의 여신이 아니다. 그녀는 이제 죽음에 대해서도 알게 된 것이다.

물론 우리는 이 신화를 다르게 이해하고 다른 측면을 볼 수도 있다. 식물에 관한 신화로 볼 수도 있고, 여러 단계에 걸쳐 나타나는 달의 신화 혹은 월경 신화[4] 그리고 일반적인 변형 신화로도 볼 수 있다. 모든 변형 신화처럼 우리는 익숙한 것과의 결별, 죽음과 재생, 그리고 변화된 인간으로서 익숙한

삶으로의 복귀를 경험한다.⁵

그럼에도 불구하고 나는 이 신화에서 많은 이미지가 그림자 수용을 가리킨다고 믿는다. 그림자를 받아들이는 것은 다른 무엇보다 익숙한 것에서 벗어나는 것을 의미한다. 모든 것이 예전 같지 않으며 특히 결과가 어떻게 될지 알 수 없는 것이다. 우리가 진짜 낯선 것을 직면하게 되면 그것은 전혀 예측할 수 없는 방식으로 우리를 변화시킨다. 이렇게 그림자 세계와의 만남을 경외하는 시선은 인안나가 앞으로 일어날 일을 미리 내다보는 통찰력에서 드러난다.

인안나는 자신의 여사제 닌슈부르에게 사정을 알리면서 결국 닌슈부르를 창조신 엔키에게 안내한다. 이는 닌슈부르가 그림자 세계를 다루지 않아도 되는 인안나의 한 측면을 구현하는 것을 의미한다고 볼 수 있다. 인안나가 창조신을 알고 있다는 것은 삶이란 변화하면서 늘 계속 이어지고, 살면서 죽음과 파괴에 직면하더라도 그 속에 창조의 원리가 있다는 사실을 알고 있다는 뜻이다. 그리고 창조의 원리에 따라 지하 세계로 들어가는 길을 찾게 된다.

닌슈부르와 엔키는 둘 다 인안나의 내적 존재로 볼 수 있다. 인안나가 지하 세계로 내려가기 오래전부터 엔키에게서 신성한 '나'를 훔쳤기 때문에 엔키는 더욱 그렇게 볼 수 있다.

인안나는 또한 질서의 원리와 영적, 종교적, 문화적 삶의 잠 재력까지 훔쳤다. 닌슈부르와 엔키는 그림자와의 대결에서 제외된 인격의 측면을 상징하며, 그림자를 대면할 때 삶의 어두운 면과 관련하여 배워야 할 매우 중요한 것이 있지만 헌신과 창조적 변화도 있으며 죽음만이 아니라 새로운 것도 항상 있다는 확신을 준다.

이 신화는 주로 인안나가 새로워지는 것에 관한 이야기다. 인안나는 변화했다. 하지만 그녀의 그림자 자매 역시 고립에서 벗어나 자신의 고통을 공감받으면서 함께 변화했다. 그림자, 즉 죽음은 인간성의 일부이고 고통에는 공감이 필요하다. 우리는 자신에게 공감해야 하지만, 어떤 형태로든 그림자로 고통받는 다른 사람에게도 공감해야 한다. 그림자를 다루는 이런 화해의 방법은 매우 중요하다. 그림자가 인간 본성의 일부라는 사실을 이해하는 것도 도움이 된다. 우리가 이 점을 알지 못하면 그림자가 드리운 상황에서 우리 자신을 비난할 위험에 처하게 된다. 그리고 자신에게 공감하지 못하면 억압과 분리의 위험이 커진다. 이것은 우리가 그림자 존재를 책임지지 않는다는 뜻이 아니라, 함께 공감하고 연민하는 방식으로 책임져야 한다는 뜻이다. 우리가 그림자의 지배를 받고 있을 때도 공감하는 태도로 자신을 대할 수 있다면, 창조적인 변화 과정이 시작될 수 있다. 공감은—적어도 이 신화에서는—창조적 변화의 시작이며, 이 변화는 더 큰 활력으로 이어진다. 이런 맥락에서 생명의 식물과 생명의 물을 바라볼 수 있다.

동화로 보는 그림자 수용: 거위 치는 소녀
\

신화와 마찬가지로 많은 동화도 인간이 가진 전형적인 문제와 그 문제를 극복하기 위해 주인공이 걸어야 할 길을 보여준다. 각 동화는 매우 구체적인 발전 과정을 상정하고 있으며, 당연히 장애물도 있다. 주인공은 자신의 힘으로 할 수 있는 일을 하지만 문제가 주인공의 능력을 넘어서는 경우 도움을 요청하게 되는데, 주변에는 도움을 줄 수 있는 사람들이 항상 존재한다. 그림자를 다루는 동화도 많다. 동화는 신화보다 우리에게 더 친숙하기 때문에, 동화의 이미지를 우리의 일상 속 그림자로 옮기는 것이 좀 더 쉽다.

그림자 식별이 중요한 장치가 되는 동화로는 「거위 치는 소녀」[6]가 있다.

옛날 옛적에 한 여왕이 살았다. 남편은 오래전에 죽었고 슬하에 아름다운 딸이 하나 있었다. 그 딸은 자라서 먼 나라 왕의 아들과 결혼하기로 되어 있었다. 시간이 흘러 딸이 결혼을 위해 먼 왕국으로 떠날 때가 되자 늙은 여왕은 딸을 위해 귀중한 물건과 보석을 많이 챙겨주었다. 금과 은, 술잔과 보석 등, 말하자면 왕족의 지참금이었다. 여왕은 딸을 온 마음을 다해 사랑했다. 그녀는 신부와 함께 말을 타고 따라가 신부를 신랑에게 데려다줄 시녀를 붙여주었고, 각자에게 여행을 위한 말을 한 마리씩 주었다. 공주의 말은 이름이 팔라다였고 인간의 말을 할 수 있었다. 작별의 시간이 되자 늙은 어머니는 침실로 들어가 작은 칼로 손가락에 피를 냈다. 그리고 아래에 깐 하얀 천에 피 세 방울을 떨어뜨린 뒤 딸에게 주며 말했다. "사랑하는 딸아, 이걸 잘 보관해두렴. 길에서 너에게 도움이 될 거야."

슬픈 작별 인사를 나눈 뒤, 공주는 작은 천을 가슴에 품은 채 말을 타고 신랑에게 향했다. 한 시간 정도 길을 가다가 공주가 목이 말라 시녀에게 소리쳤다. "말에서 내려 내 잔으로 개울에서 물 좀 떠와. 어서 가서 잔을 가져와. 물을 한 모금 마시고 싶어."

그러자 시녀가 대답했다. "목이 마르면 네가 말에서 직접 내려서 물가에 엎드려 마셔. 나는 네 시녀가 되고 싶지 않아!"

공주는 너무 목이 말라서 결국 직접 말에서 내려 개울가에 몸을 엎드린 채 물을 마셨다. 금잔에 담아 물을 마실 수는 없었다.

공주는 혼자 탄식했다. "오, 세상에!" 그러자 세 방울의 피가 대답했다. "당신의 어머니가 이 일을 알았다면, 그녀는 심장이 터졌을 거예요."

그러나 공주는 겸손하게도 아무 말 하지 않은 채 다시 말에 올라탔다. 그들은 수 킬로미터를 더 달렸다. 날씨가 매우 더워서 햇볕이 따가웠고 공주는 곧 다시 목이 말랐다.

개울에 다다르자, 그녀는 다시 한번 시녀를 불렀다. "말에서 내려 내 황금잔에 물을 좀 떠와!" 자신이 들었던 시녀의 나쁜 말 따위는 잊은 지 오래였다.

그러나 시녀는 더욱 거만하게 말했다. "물을 마시고 싶으면 혼자 마셔. 나는 네 시녀 따위가 아니야."

너무 목이 말랐던 공주는 개울가로 내려가 엎드려 울며 외쳤다. "세상에, 맙소사!" 그러자 핏방울들이 다시 대답했다. "당신의 어머니가 이 일을 알았다면, 그녀는 심장이 터졌을 거예요!"

공주가 물을 마시려고 몸을 기울이자, 세 방울의 피가 묻은 흰 천이 그만 공주의 품에서 흘러내려 물과 함께 떠내려갔다. 하지만 공주는 큰 두려움에 사로잡혀 그 사실을 알아차리지 못했다.

시녀는 피가 묻은 천을 잃어 약해지고 무력해진 공주를 보며 이제 그녀를 자기 마음대로 주무를 수 있다는 사실에 기뻤다. 공주가 팔라다에 다시 올라타려 할 때, 시녀가 다시 말했다. "내가 팔라다에 타야 하니 너는 내 말에 타." 공주는 그 말을 참아야 했다. 그 뒤에도 시녀는 공주에게 왕족의 옷을 벗고 초라한 옷을 입으라고 명령했고, 결국 공주는 왕국에 도착해서 그 누구에게도 이 이야기를 하지 않겠다고 맹세해야 했다. 만약 맹세하지 않았다면 그 자리에서 죽었을 것이다. 이때 팔라다는 이 모든 것을 지켜보며 경계했다.

이제 시녀가 팔라다에 올라타고, 진짜 신부는 약한 말에 올라탔다. 그렇게 그들은 먼 왕국까지 쉬지 않고 갔다. 공주의 일행이 도착하자 사람들은 기뻐하며 반겼고, 왕자는 그들을 마중하기 위해 달려 나가 시녀를 말에서 들어 올렸다. 왕자는 시녀가 자신의 아내라고 생각하고 그녀를 위층으로 데려갔다. 진짜 신부는 아래층에 머무를 수밖에 없었다. 그때 늙은 왕이 창밖을 내다보다가 안뜰에 서 있던 공주를 보았다. 그녀는 너무나 기품 있었고 우아하고 아름다웠다. 왕은 곧장

응접실로 가서 신부에게 그녀와 함께 와서 안뜰에 서 있는 사람이 누구냐고 물었다.

"같이 온 시녀예요. 시녀가 게을러지지 않도록 할 일을 주세요."

그러나 왕은 그녀에게 줄 일이 마땅히 없었기 때문에 이렇게 말했다. "거위를 돌보는 아이를 돕게 하지." 그 소년의 이름은 퀴르첸이었고, 진짜 신부는 소년이 거위 돌보는 일을 도와야 했다.

그러나 곧 가짜 신부가 왕자에게 말했다. "사랑하는 당신, 부탁 하나 드릴게요! 꼭 들어주세요!"

왕자가 대답했다. "기꺼이 그렇게 하지요."

"그럼 도살자를 불러주세요. 내가 여기까지 타고 온 말의 목을 베어버릴 거에요. 길에서 나를 너무 화나게 했거든요." 사실 그녀는 자신이 공주를 어떻게 했는지 말이 이야기할까 봐 두려웠다.

곧 그 일이 실행되었고 충실한 팔라다는 목숨을 잃었다. 공주도 이 소식을 듣게 되었다. 공주는 도살자에게 돈을 보여주며 비밀스러운 제안을 했다. 자신의 부탁을 들어주면 그 돈을 주겠다고 말이다. 그 도시에는 그녀가 아침저녁으로 거위들과 지나가는 커다랗고 어두운 문이 있었다. 그녀는 도살자에게 팔라다의 머리를 그 문 아래에 못 박아 말 머리가 자신을 한 번 이상 볼 수 있도록 해달라고 부탁했다. 그래서 도살자는 그렇게 하겠다고 약속하고, 말 머리를 잘라 어두운 문 아래에 달았다.

이른 아침, 공주와 퀴르첸이 문을 나설 때 공주가 지나가면서 이렇게 말했다.

"오, 팔라다, 너는 거기에 매달려 있구나."

그러자 머리가 대답했다.

"오, 거기서 걷고 있는 순결한 여인이여. 만약 당신의 어머니가 이 일을 알았다면 그녀는 심장이 터졌을 거예요!"

그런 다음 공주는 조용히 도시를 나가 들판에서 거위를 몰았다. 그녀는 초원에 앉아 머리카락을 풀었다. 그녀의 머리카락은 순금이었고, 퀴르첸은 반짝이는 그 머리카락을 신기해하며 몇 가닥을 뽑아 가지고 싶어 했다. 그러자 공주가 이렇게 말했다.

"아파! 아파! 작은 바람아! 퀴르첸의 모자를 가져가서, 내가 머리를 다 빗고 다시 땋을 때까지 퀴르첸이 모자를 쫓아다니게 하렴."

그러자 바람이 세차게 불어 퀴르첸의 모자가 초원 너머로 날아갔다. 퀴르첸은 모자를 쫓아 달려갔다. 그가 돌아왔을 때, 공주는 이미 머리를 빗고 다 땋은 후라 그는 머리카락을 한 올도 얻을 수 없었다.

저녁이 되자 둘은 집으로 돌아갔다. 다음 날 아침, 그들이 어두운 문을 통과하며 거위를 몰고 나갈 때 공주가 말했다.

"오, 팔라다, 너는 거기에 매달려 있구나."

그러자 머리가 대답했다.

"오, 거기서 걷고 있는 순결한 여인이여. 만약 당신의 어머니가 이 일을 알았다면 그녀는 심장이 터졌을 거예요!"

그리고 들판에 도착하자 공주는 다시 초원에 앉아 머리를 빗기 시작했고, 퀴르첸은 또 달려와 그녀의 머리카락을 뽑아 가지고 싶어 했다. 이번에도 공주가 재빨리 말했다.

"아파! 아파! 작은 바람아! 퀴르첸의 모자를 가져가서, 내가 머리를 다 빗고 다시 땋을 때까지 퀴르첸이 모자를 쫓아다니게 하렴."

그러자 또 바람이 세차게 불어 퀴르첸의 모자가 초원 너머로 날아갔다. 퀴르첸은 모자를 쫓아 달려갔다. 그가 돌아왔을 때, 공주는 이미 머리를 빗고 다 땋은 후라 이번에도 그는 머리카락을 한 올도 얻을 수 없었다. 그들은 저녁이 될 때까지 거위들을 돌보았다.

저녁이 되어 집에 돌아온 뒤, 퀴르첸은 왕 앞에 나아가 이렇게 말했다. "저는 더 이상 그 소녀와 거의 떼를 몰고 싶지 않습니다."

"왜 그러느냐?" 왕이 물었다.

"저를 하루 종일 짜증 나게 해요."

왕은 소년에게 무슨 일이 있었는지 설명하라고 명령했다. 퀴르첸은 대답했다. "아침에 거위들을 몰고 함께 어두운 문을 지나는데, 그 소녀가 벽에 붙은 말 머리에게 이렇게 말하는 거예요. '오, 팔라다, 너는 거기에 매달려 있구나.' 그러면 그 머리가 대답해요. '오, 거기서 걷고 있는 순결한 여인이여. 만약 당신의 어머니가 이 일을 알았다면 그녀는 심장이 터졌을 거예요!'"

퀴르첸은 거위를 몰고 간 초원에서 무슨 일이 일어나는지, 그리고 자신이 바람 속에서 모자를 쫓아 달려야 하는 이유도 전부 설명했다.

하지만 왕은 퀴르첸에게 다음 날에도 공주와 함께 거위를 몰고 나가라는 분부를 내렸다. 그리고 아침이 되자 왕 자신이 어두운 문 뒤에 앉아 그녀가 팔라다의 머리와 이야기하는 소리를 들었다. 또 그녀를 따라 들판으로 나가 덤불 속에 숨었다. 곧 두 사람이 거위를 몰고 가는 것이 보였다. 얼마 후 공주가 앉아서 반짝이는 머리카락을 풀었다. 그녀는 곧 이렇게 말했다.

"아파! 아파! 작은 바람아! 퀴르첸의 모자를 가져가서, 내가 머리를 다 빗고 다시 땋을 때까지 퀴르첸이 모자를 쫓아다니게 하렴."

곧바로 바람이 불어와 퀴르첸의 모자가 날아갔고, 퀴르첸은 한참을 달려야 했다. 공주는 혼자 조용히 머리를 빗고 다시 땋았다.

이 모습을 모두 지켜본 왕은 눈에 띄지 않게 돌아갔다. 그리고 거위를 몰고 온 공주가 저녁에 돌아왔을 때, 그녀를 따로 불러 왜 그렇게 하는지 물었다.

"저는 그 누구에게도 사실을 말할 수 없어요. 진실을 말하지 않기로 맹세했거든요. 그러지 않았다면 저는 목숨을 잃었을 거예요."

하지만 왕은 그녀에게 사실을 말하라고 재촉했다. 그녀가 버티자 결국 왕이 말했다. "말하고 싶지 않다면 난로 굴뚝에 대고 말해보렴."

"네, 그건 괜찮을 것 같아요." 이렇게 대답한 그녀는 난로 속으로 기어들어가 지금까지 자신에게 일어났던 일과 사악한 시녀에게 배신당한 사실을 전부 털어놓았다. 하지만 난로 위에는 구멍이 있었고, 왕은 그곳에서 기다렸다가 그녀의 운명에 대해 빠짐없이 들었다.

그것으로 충분했다. 공주는 곧바로 왕족의 옷을 입게 되었고 그러자 믿을 수 없을 정도로 아름다워졌다. 왕은 자기 아들을 불러서 그가 가짜 신부를 만났으며 지금껏 신부로 알고 있던 여자는 그저 시녀에 불과하다고 말했다. 진짜 신부는 여기 서 있는 거위 치는 소녀라고 말이다. 왕자는 진짜 신부의 아름다움과 인품을 보고 크게 기뻐하며 잔치를 열어 많은 사람과 친구들을 초대했다. 왕자는 상석에 앉았고, 한쪽에는 공주가, 반대쪽에는 시녀가 앉았는데, 시녀는 빛나는 장신구들에 둘러싸인 공주를 눈이 부셔 알아보지 못했다.

실컷 먹고 마시며 잔치가 무르익고 모두의 기분이 좋아졌을 때, 왕이 시녀에게 수수께끼를 냈다. 계략을 써서 주인을 배신하고 거짓말을 일삼은 여인의 이야기를 들려주고 이렇게 물었다. "이런 짓을 한 여자에게 어떤 벌을 내리면 좋을까?"

그러자 가짜 신부가 대답했다. "그 여자를 알몸으로 만들어 안에 날카로운 못이 가득 박힌 통 속에 던져 넣은 뒤, 두 마리의 흰 말이 그 통을 매달고 거리를 끌고 다니게 해 죽이는 거예요. 아마 그처럼 꼭 맞는 벌은 없을 거예요!"

"그게 바로 너야." 왕이 말했다. "네가 스스로에 대한 형

벌을 결정했으니 그대로 너에게 실행될 것이다."

그 뒤 왕자는 자신의 진짜 아내와 결혼했고, 두 사람은 평화롭고 행복하게 왕국을 통치했다.

이 동화는 오래전에 남편을 잃은 늙은 여왕의 이야기로 시작한다. 여왕의 아름다운 딸은 '멀리 떨어진 들판' 너머 왕국에 사는 왕자와 결혼하기로 약속되어 있다. 공주는 그 왕국을 향해 여행을 떠난다. 여기서 놀라운 점은 진짜 왕자가 공주를 마중 나온다는 점이다! 이 이야기에서 공주는 스스로 발전의 길을 가야 한다. 왕자와 결혼하기 전에 뭔가를 배워야 한다. 분명한 점은 그녀가 단순히 어머니의 손에서 왕자의 손으로 넘겨질 수는 없다는 것이다.

공주는 어머니로부터 자유로워져야 할 뿐 아니라 긍정적인 모성 콤플렉스로부터도 자유로워져야 한다. 원래 긍정적인 모성 콤플렉스를 가지고 있는 사람[7]은 자신이 좋은 세상에 사는 좋은 사람이라고 확신한다. 거기에는 그림자가 없을 것으로 예상되며, 적어도 그림자가 거의 보이지 않을 것이다. 만약 의심스러운 일이 일어난다면 크게 실망할 것이고, 그런 일은 자신의 이미지와 자신이 만든 세상의 이미지에 대한 모욕이다. 긍정적인 모성 콤플렉스를 가지고 있는 사람은 다른 사람도 자신의 어머니처럼 좋은 사람이기를 기대하는 것이다. 이런 경우, 그는 자신의 어디에 그림자가 있는지 알 수 없다. 자신은 늘 좋은 의도를 가지고 있고, 가능한 한 오랫동안 다른 사람에게서 그림자를 보고 싶어 하지 않는다. 긍정적인 모성 콤플렉스는 사람을 다소 순진하게 만들고, 모든 것을 신뢰해서 남에게 쉽게 속게 한다.

우리는 이 공주가 원래 가지고 있던 긍정적인 모성 콤플렉스에서 벗어나야 했다는 것을 알 수 있다. 공주가 필요한 것을 넘치도록 가진 데다, 어머니의 축복까지 받고 있기 때문이다. 그녀는 여행에 동행할 시녀를 얻게 되는데, 언뜻 보기에는 괜찮아 보이므로 이 상황은 그녀가 혼자가 아니라는 것을 의미한다. 공주는 인간의 말을 할 줄 알고 자신의 신분을 증명해주는 아주 특별한 말 팔라다를 탄다.

브루노 슐리파케 Bruno Schliephacke 는 '빛의 고대 신에게 신성한 것'으로 번역되는 팔라다라는 이름을 보탄 신과 연관시켰다.[8] 보탄은 바람, 폭풍, 지혜의 신이다. 이 말은 본래 신체성과 활력, 즉 생명을 유지하는 것을 상징하면서 역동적인 영적 측면도 지니고 있는데 아마도 애정 어린 부성 같은 것과의 연관성을 가리킬 것이다.

또한 공주는 세 방울의 피가 묻은 손수건을 받는데, 이는 혈통, 정신적 유대감, 어머니와의 상징적인 유대를 의미한다. 분명히 여왕은 딸과 다시 연결될 필요가 있다는 것을 알고 있었다. 그녀가 딸에게 쥐어준 보호 장치는 그 자체만으로도 강력한 보호가 된다.

그러니 적어도 여기까지는 모든 것이 괜찮아 보인다. 여왕의 딸이 갈증을 느끼기 전까지는 말이다. 우리는 이 갈증을 일반적인 목마름으로 이해할 수 있지만, 삶에 대한 갈증이라는 상징적인 의미로도 이해할 수 있다. 왜냐하면 그녀의 어머니가 그녀를 그토록 잘 돌보고 보호했다면, 그동안 그녀는 어느 정도 세상으로부터 멀어져 있었을 것이기 때문이다. 그러고 나서 보호해주는 어머니가 더 이상 닿지 않는 공간에 있게 된 순간 그녀는 삶에 대한 갈증을 느끼기 시작한 것이다. 여기서 공주의 시녀가 등장한다. 시녀는 나중에 '가짜 신부'로 밝혀지는데 이 존재가 바로 그림자 세계의 인물이다. 시녀는 공주의 그림자 자매다.

이제 시녀는 자신의 역할에 따라 행동하지 않는다. 시녀는 섬기는 것이 아니라 명령을 내린다. 따라서 공주는 직접 몸을 굽혀야 한다! 이전에 이런 일을 한 번도 해본 적이 없을 수도 있다는 점을 고려한다면, 그 순간이 너무 이르다고는 할 수 없다. 하지만 삶의 태도는 달라질 것이다. 마실 것을 받기 위해 고개를 높이 들고 기다리는 것이 아니라, 몸을 굽혀 마실 것을 직접 가져와야 하는 것이다. 공주는 시녀의 말에 복종했고 잠깐 울긴 했지만 상황을 바꿀 만큼은 아니었다. 공주가 아직 시녀의 태도를 충분히 키우지 못한 것이다. 공주가 다른 사람을 시녀로 두고 그 시녀를 내쫓는 것도 상상해볼 수 있다. 하지만 공주는 공격성을 억누르고 있는 다소 퇴보적인 존재다. 그저 "내 어머니가 이 일을 알았다면……"이라고 말할 뿐이다.

공주는 곧 시녀의 희생자가 되고, 시녀는 점점 더 뻔뻔스러워진다. 점차 그림자와의 동일시가 이루어지는 것이다. 억압된 그림자를 상징하는 시녀가 점점 더 많은 권력을 갖게 되자 인간의 자아를 상징하는 주인공은 권력을 잃고 핏방울이 묻은 손수건도 잃어버리면서 혈통으로 얽힌 어머니와의 연결 고리 또한 잃게 된다. 우리는 우리의 좋은 어머니로부터 분리되는 전형적인 상황을 만난다. 그 분리는 청소년기에 부모의 그림자 측면으로 인해 일어난다. 즉 아이들이 부모가 그림자로 남겨둔 것, 집에서 못마땅하게 여기는 것을 실천하기 시작한다는 뜻이다. 이로 인해 부모와 자녀는 반대 입장에 놓인다. 부모는 평소처럼 비판하는 대신 자신의 가족 체계 안에서 무엇이 소외되었는지 알아차릴 수 있다. 하지만 그러려면 부모가 그림자에 상당히 친화적이어야 한다.

공주의 시녀는 선한 어머니가 딸에게 선의로 보낸 사람이지만, 시녀는 어두운 면을 가졌고 언뜻 보기에는 도움이 되지 않는 존재다. 공주는 이제 억압된 그림자와 점점 더 동일시된다. 처음에는 공주가 시녀의 악의에 겁을 먹었다는 느낌이 든다. 동화에서는 공주가 '겸손'하다고 묘사된다. 하지만 지나친 겸손일 수 있다. 바로 이 겸손 때문에 옷을 바꿔 입고, 말을 바꿔 타고, 운명을 바꾸게 된다. 그리고 아주 멀리까지 나아간다. 이 시점에서 그림자와의 동일시는 재앙을 초래할 수 있다는 것이 분명해진다. 빛과 어둠으로 이루어진 완전한 삶이 아닌 어느 한 면으로만 살아갈 위험이 있다.

동화에서 이런 그림자 식별이 일어나는 때는 언제인가? 공주는 더 이상 왕실의 법이 적용되지 않는 열린 들판에 들어서는 순간 두려움을 느낀다. 그러다 점점 시녀의 태도, 즉 자기주장을 하고 지배하려는 태도를 취한다. 약간은 불쾌한 방식이지만 자율적인 것처럼 보인다. 즉 이 이야기는 강제적인 독립에 관한 이야기다. 실제로 두려움을 느끼는 사람들은 권력에 대한 집착을 보상으로 받아들일 수 있으며, 거리낌 없이 자기주장을 할 수 있다. 이는 동화에서 공주가 시녀의 옷을 입고 있어도 실제로는 자신이 시녀가 아님을 아는 모습을 통해 표현된다. "어머니가 알았다면"이라는 한숨은 그녀가 자신이 좋은 어머니의 딸이며 자기 내면의 덜 어두운 측면과 계속 연결되어 있다는 것을 끊임없이 상기하는 것으로 이해될 수 있다. 그녀는 완전히 가려질 수 없다.

공주는 누구에게도 신분의 바꿔치기에 대해 말하지 않겠다고 맹세해야 했다. 그녀가 그렇게 맹세하는 것은 남들에게는 자신이 시녀로 보인다는 것을 알지만 스스로는 그게 사실이 아니라는 것을 안다는 의미이기도 하다.

이제 저 멀리 들판 건너편의 왕국에서는 시녀가 신부가 되고, 진짜 신부는 거위를 돌보는 시녀가 되었다. 신분의 바꿔치기는 그대로 유지되었지만 이제 두 사람은 사람들 사이에서 활동한다. 왕은 그림자에 가려지지 않은 공주의 모습을 본다. 그는 옷차림을 보지 않고 그 사람을, 기품 있고 우아하고 아름답기까지 한 모습을 본다. 그림자가 드리워진 사람이 아니라 그림자 뒤에 있는 사람을 보는 것이다. 이처럼 사람들은 한편으로는 우리를 그림자 속에 가두기도 하지만, 다른 한편으로는 특히 우리가 그림자로 어려움을 겪거나 그림자에 갇혔다고 느낄 때 그림자가 없는 쪽에서 우리를 볼 수도 있다. 그들은 그림자에 가려지지 않은 우리 모습에 이름을 붙여 다시 우리에게 돌려주고, 우리가 완전히 그림자에 가려지지도 않았고 완전히 타락하지도 않았으며 받아들여질 수 없는 존재도 아니라고 안심시킨다. 그리고 우리는 종종 이런 관계를 경험할 때, 덜 어두운 측면으로 돌아갈 수 있는 길을 찾게 된다.

늙은 왕은 공주와 어린 퀴르첸에게 거위 떼를 돌보라고 시킨다. 이렇게 일종의 발달 과정이 시작되는데, 적어도 처음에는 이 일이 그림자와의 동일시에서 벗어나는 것과 아무런 관련이 없어 보인다. 하지만 그림자 작업은 우회적인 방법으로도 이루어질 수 있으며, 이는 매우 중요하다. 거위와 어린 퀴르첸이 있는 초원에서는 장난기 넘치고 에로틱한 분위기가 조성된다. 공주는 밝은 금빛 머리카락으로 퀴르첸을 유혹한 뒤 그를 멀리 쫓아낸다. 우리는 그녀가 바람을 조종할 수 있다는 것과, 그녀가 가짜 신부에게 죽임을 당한 팔라다의 머리와 대화하는 모습에 퀴르첸이 짜증을 낸다는 것을 알 수 있다. 그녀는 이전의 삶과 여전히 연결되어 있는 것이다. 팔라다는 다른 동화에 등장하는 말하는 말처럼 도움이 되는 힌트를 주지 않는다. 팔라다가 그곳에 있고 둘 다 지금 상황이 매우 어렵다는 것을 알아차리고 잠시 공감하는 것만으로도 충분하다.

퀴르첸과의 대화를 통해 왕이 행동에 나서게 되고, 이 왕은 공주에게 분명히 아버지 같은 태도를 취한다. 여기서는 또 다른 성숙이 이루어진다. 공주는 한편으로는 여전히 아버지의 관심을 받고, 다른 한편으로는 소년과 장난기 섞인 에로틱한 방식으로 상호작용하는 법을 배운다. 퀴르첸은 아직 아버지 아니무스와 연결되어 있는 젊은 아니무스의 한 부분으로 볼 수 있다.

왕은 공주가 무거운 짐을 지고 있다는 것을 느끼고 해결책을 제안한다. 그는 공주가 누구에게도 할 수 없는 말을 굴뚝에 대고는 할 수 있을 거라 생각했다. 왕은 공주의 고통에 공감해주고, 공주는 가장 든든하고 안전한 보호 아래 자신의 진짜 정체를 말한다. 자신이 버림받은 사실, 자신이 여왕의 딸이라는 사실, 시녀가 자신의 신분을 빼앗고 왕족 옷을 벗겨 자기 자리를 대신 차지한 사실을 말이다. 그리고 그녀는 이렇게 끝맺는다. "어머니가 알았다면." 그녀는 자신의 상황을 아주 참혹하게 묘사한다. 자신은 인생 계획이 무너지고 버려졌으며 잘못된 자리에 있다고. 그럼에도 아직 희망은 있다고. 어머니가 알았다면 아마도 자신을 구했을 거라고. 하지만 공주를 구한 건 결국 왕이었다. 공주는 왕족의 옷을 다시 돌려받는다. 그것은 그녀의 빛나는 페르소나적 태도로 인식된다. 이때 시녀는 자신을 없애는 판단을 스스로 내려야 한다. 그림자 수용의 관점에서 보면, 이는 문제 있는 결말이지만 동화에서는 매우 일반적인 결말이다. 공주는 아마 시녀의 그림자 속에서 오랫동안 살았을 테니, 이제 시녀는 사라져도 된다. 물론 동화에서는 죽은 이도 부활할 수 있으므로 이 시녀가 영원히 사라졌을 거라는 생각은 너무 낙관적이다.

우리는 이 동화에서 무엇을 배울 수 있을까?

모든 가족 체계에는 그림자가 있다. 전통적으로 긍정적인 어머니 또는 아버지 콤플렉스를 바탕으로 하는 가족 체계에 특히 그런 면이 있다. 부모와 부모 콤플렉스로부터 분리되면 억압된 그림자 측면이 활성화되고, 보통 그것을 처리해야 한다. 여왕은 아마 딸이 인생을 잘 준비했으며 같이 보낸 시녀가 자기 역할을 잘 해내리라고 생각했을 것이다. 여왕이 보지 못한 것은 그 시녀가 권력에 욕심이 많다는 점이었다. 부모의 규칙이 더 이상 적용되지 않게 되면 내면의 어두운 면이 살아난다. 하지만 동화에서는 그럼에도 불구하고 시녀와 정체성이 완벽하게 동일시되는 경우는 없다. 공주는 시녀처럼 행동해야 했지만 자신의 전혀 다른 면들을 잘 알고 있었다. 많은 청소년이 이런 결정의 기로에 서곤 한다. 부모와 교사를 기쁘게 하는 행동을 할지, 아니면 도발적인 행동을 할지 선택하는 것이다.

「거위 치는 소녀」에서는 공주가 시녀 역할을 해야 하는 의무를 진다. 그렇기에 여기서 그림자와의 동일시를 살펴볼 수 있다. 그리고 위험한 점이 있다. 공주는 선택의 여지가 없고, 자신이 다른 사람임을 알면서도 그림자처럼 행동한다. 이런 모습은 자신에게 다른 면이 있다는 것을 알면서도 매우 자기 파괴적이고 해로운 방식으로 행동하는 사람들을 떠올리게 한다. 이런 상황에서 해방은 시녀를 적극적으로 상대하면서 이루어지는 것이 아니라, 발전을 통해, 이 동화에서는 남성적 측면의 발전을 통해 이루어진다.

공주는 늘 자신이 처한 상황으로 인해 겪는 고통에 공감했지만, 그것만으로는 충분하지 않았다. 외부에서 더해지는 공감이 있어야 했다. 그림자와의 동일시를 해결하는 맥락에서 관계적 측면은 매우 중요하다. 그림자를 알아볼 뿐 아니라 그 그림자와의 동일시가 얼마나 큰 고통을 초래하는지 알아주는 사람이 있어야 한다. 밝고 어두운 것들에 대한 타인의 관점과 공감을 통해 우리 자신의 관점과 공감이 타당성을 얻으면 우리는 변화할 수 있다. 하지만 이 모든 일은 필요한 내적인 발전 단계가 완료된 그 순간에 일어나야 한다.

이 동화는 시녀를 가짜 신부로, 공주를 진짜 신부로 묘사하면서 가짜 자기와 진짜 자기라는 주제를 다루고 있다. 동화에서는 시녀와의 동일시를 '가짜 자기'로 진단한다. 이 시녀는 제거되어야 하며, 그렇게 되면 '진짜 자기'만 다루게 될 것이다.

하지만 일상생활에서는 그렇게 간단한 일이 아니다. 우리는 이런 문제를 가리키는 꿈을 꾸곤 하는데, 예를 들어 꿈속에서 배우자가 다른 사람과 함께 있거나 심지어 다른 사람과 결혼했을 수도 있다. 대개 이런 꿈을 꾸면 굉장히 놀라고, 종종 상대방이 불륜을 저질렀을지도 모른다는 의심이 생기기도 한다. 하지만 그보다는 관계에 그림자가 많진 않은지, 그 낯선 배우자가 관계의 그림자 속에 있는 자신의 낯선 면은 아닌지, 더 나아가 어쩌면 그것이 관계의 중심에 있지는 않은지 의문을 가지는 편이 더 나을 것이다.

만약 우리가 그림자와 동일시된다면, 그림자가 적은 사람들과는 매우 다르게 행동할 것이다. 그리고 거의 필연적으로 관계에 문제가 생긴다. 이런 그림자 측면은 대부분 해결할 수 있다. 꿈에서 배우자가 갑자기 믿을 수 없을 정도로 '여성적이고 순종적인' 여성을 만난다면, 최근에 자신이 너무 여성스러워지고 순종적으로 행동한 것은 아닌지, 아니면 반대로 너무 지배적이고 잔소리꾼처럼 행동하지는 않았는지 자문해 보는 편이 나을 것이다.

나를 보완해주는 그림자
\

'보완적 그림자'란 우리를 보완하는 그림자를 뜻한다. 거위 치는 소녀 이야기와 인안나가 지하 세계로 내려가는 이야기에서 발전을 통해 상호보완적인 그림자 수용이 가능하다는 것을 확인할 수 있다.

48세의 에르빈은 심각한 우울증 때문에 치료를 받고 있다. 에르빈에게는 테오발트라는 동료가 있는데, 그 동료는 자신을 테오가 아닌 테오발트로 불러달라고 고집했다. 테오발트는 성도 매우 특이한데, 여기서 밝히기는 어렵다.

에르빈의 꿈에 동료인 테오발트가 나타나면 대부분 사소하거나 중대한 재앙이 발생한다.

> "테오발트가 현관문을 두드리는데, 저는 막 넥타이를 매는 중이고 옷을 제대로 차려입어야 해요. 넥타이를 맬 수도 없고, 아내를 불러 넥타이를 매달라고 부탁할 수도 없어요. 현관으로 가야 한다는 걸 알지만 머리를 빗기 전까지는 갈 수 없어요……."

꿈을 꾸는 사람은 결코 문까지 가지 못한다. 꿈은 동일하게 고통스러운 방식으로 계속된다. 테오발트는 문 앞에 서서 들어오지 않는다. 꿈꾸는 사람은 문을 열고 싶어 하지만 열 수 없다.

테오발트는 문을 두드리면서 꿈꾸는 사람의 집으로 들어오고 싶어 하며, 더 가까이는 그의 세계의 일부가 되고 싶어 한다. 꿈속에서 문을 두드리는 사람은 무언가를 보여주거나 받아들여지기를 원하는 것이다. 에르빈은 문을 열어주고 싶지만 항상 그를 가로막는 장애물들이 있다. 그는 항상 자신을 더 멋지고 완벽하게 꾸미고 제대로 옷을 갖춰 입고 나서야 테오발트로 상징되는 자기 인격의 한 부분을 받아들이고 싶다. 오직 흠잡을 데 없는 페르소나만이 '테오발트 그림자'와 마주할 수 있다.

에르빈과 테오발트는 어떤 연관이 있을까? 에르빈과 테오발트는 둘 다 같은 회사의 경영팀에서 일한다. 에르빈의 눈에 테오발트는 믿을 수 없을 정도로 감정적이고 진짜 '울보'다. "그는 늘 심하게 화를 내고, 우리가 인간적인 면보다 이익을 앞세우면 소리를 질러요. 정말 진지하지요. 우리 같은 '냉정한' 사람들이 그를 보완해주는 게 다행이에요." 에르빈은 평소 테오발트와 그가 내세우는 의견 때문에 짜증이 난다. 그래서 가능한 한 테오발트를 피한다. 하지만 테오발트는 에르빈에게 아주 중요한 대상이다. 이 점은 한동안 에르빈이 치료받을 때 이야기한 꿈의 절반 정도가 테오발트와 관련된다는 사실에서도 드러난다.

이런 꿈은 객체로 바라보면 더 원활하게 이야기할 수 있다. 에르빈은 꿈으로 확인되는 일상의 괴로운 일들을 말해주었다. 만약 꿈꾸는 사람이 내면의 인물을 객체의 차원, 즉 투사 상태로 남겨두면, 그 사람에 대해 훨씬 더 공개적이고 감정적으로 말하면서도 실제로는 자기 자신에 대해 말한다고 생각하지 않는다. 에르빈은 자신에게 '테오발트 그림자'가 있을 수 있다는 생각을 한 번도 해본 적이 없었다.

에르빈의 또 다른 꿈을 보자.

"제 딸이 바위에 매달려 있어요. 제가 딸아이에게 소리를 지르며 지시하니까, 아이가 완전히 당황해서 점점 더 어리석은 짓을 해요. 그런데 분홍색 조끼를 입은 남자가 아이에게 다가가 말을 건네요. 그 뒤 아이는 제게 이제 괜찮다는 신호를 보내고 어떻게든 자신의 길을 찾아요."

에르빈에 따르면 그 남자는 테오발트였다. 그가 알기로 분홍색 조끼를 입는 남자는 테오발트 외에는 없었다. 꿈속의 느낌은 꿈이 남기는 느낌과 마찬가지로 모호하다. 에르빈은 자신의 딸이 도움을 받았다는 사실에 안도했지만 그 사람이 테오발트일 필요는 없었다는 양가감정을 느낀다. 테오발트는 언제든 자신이 주목을 끌 수 있는 곳이면 나타난다. 에르빈은 항상 더 나은 아버지를 자처하고 자신의 딸에게 너그러우려고 노력한다. 에르빈에 따르면 이 꿈은 자신과 딸의 관계를 반영한다. "저는 종종 아이에게 어떻게 해야 할지 이야기해줘요. 하지만 아이는 점점 더 혼란스러워하고 당황해하다가 모든 게 엉망이 되어서 더 이상 아무것도 이해하지 못하지요. 아마 저를 골탕 먹이려고 일부러 그러는 건지도 몰라요. 아이는 제가 제 뜻대로 하는 걸 절대 그냥 두고 보지 않아요. 제가 하는 이야기들은 늘 훌륭해서 이의를 제기할 여지가 없지만, 아이는 제 말대로 할 수 없거나 하고 싶어 하지 않지요. 그때 테오발트가 와서 그 아이를 진정시키고 모든 게 다시 좋아졌어요."

테오발트는 직장 내에서, 그리고 비즈니스 행위에서 중요한 보완적 목소리일 뿐 아니라, 아버지가 딸을 더 잘 공감하며 대하는 방식의 모델일 수 있다. 에르빈은 이런 결론을 내리지 않았다. 그는 심리적 안도감을 위해 이런 꿈을 꾼다고 확신했다. 언젠가 테오발트의 얼굴을 향해 덤벼드는 일이 일어나지 않도록 말이다.

그림자를 다룰 때 흔히 그렇듯, 그림자를 지고 있는 인물의 특징은 평가절하되고 자신의 위치는 이상화된다. 그럼에도 투사된 그림자 요소는 종종 매우 긍정적인 특성을 지닌다. 테오발트는 감성적인 사람이다. 그는 공감할 수 있고 실제로 그렇게 하는 사람이다. 이런 측면은 에르빈의 까다로운 성격을 훌륭하게 보완할 수 있다.

치료가 계속되면서 테오발트와의 대립은 뒷전으로 물러났다. 그는 더 이상 꿈에 나타나지 않았고 일상생활에서도 에르빈을 덜 짜증 나게 하는 듯했다. 아니마의 발달이 시작된 것이다.

융의 이론에서 아니마와 아니무스[9]는 관계를 조정하는 원형으로 이해된다. 즉 나와 타인, 내면세계와 외면세계, 의식과 무의식의 관계를 조정하는 원형이다. 그것들은 특히 자아를 부모 콤플렉스로부터 분리해 자신의 중심, 자기 Selbst, Self 에게 더욱 다가가게 하는 원형적인 형태라고 할 수 있다. 우리는 꿈에서 낯선 여자나 남자에게 강한 매혹이나 두려움, 또는 두 가지를 모두 느낀다는 사실을 통해 아니마와 아니무스를 인식한다. 이 점에 대해서는 이미 4장에서 설명한 바 있다.

에르빈은 윤곽이 거의 없고 명확하지 않은 신비롭고 낯

선 여성의 형상이 나오는 꿈을 꾸었다. 그는 이 형상을 바로 식별하고 구분할 수 없었다. 이 꿈은 그에게 어떤 실제적인 목표도, 환상도, 몽상도 아닌 커다란 갈망을 일깨워주었다. 그는 종종 특정 여성들에게 매력을 느꼈지만, 늘 그들이 꿈에서 본 형상과 일치하지 않는다는 점을 깨닫곤 했다. 그런 아니마의 형상이 자리 잡으면 영적으로 활력이 넘치는 상황이 발생하며, 그 상황은 발전을 자극하게 된다.

이 비이성적인 감정은 에르빈에게 매혹적이었지만 귀찮고 두려운 것이기도 했다. 그는 자신이 갑자기 너무 감성적인 사람이 되어서 공상만 하고 있으며 곧 테오발트처럼 될 거라고 불평했다. 하지만 우울감도 나아졌다. 에르빈은 자신의 상태를 받아들일 시간이 필요했고, 자신에게 '감성적인 면'이 있다는 것을 아주 훨씬 후에야 표현했다. 그는 다른 사람들에게 그런 면을 보여주지는 않았다. 그의 감성적인 면은 그가 운전할 때나 가족이 집에 없을 때 감성적인 노래를 찾거나 부르곤 했다는 사실에서 잘 드러났다. 감성적인 노래에 대한 그의 비밀스러운 취향은 누구도 알 수 없었다.

회사에 행사가 있던 어느 날이었다. 밤늦게 테오발트와 에르빈은 함께 감성적인 노래를 불러 직원들을 몹시 놀라게 했다. 테오발트가 그런 노래를 부를 수 있다는 것은 분명했지만, 에르빈도 그럴 수 있다는 사실에 모두가 놀랐다. 자리가 끝날 무렵, 테오발트는 에르빈에게 정말 그를 좋아하게 되었다고 말했다. 지금까지 테오발트는 에르빈이 자신을 거부한다고 생각해 그를 두려워했을 것이다. 에르빈은 자신이 테오발트를 두려워했다고 고백했다. 이제 에르빈은 두 사람이 서로에게 배울 점이 있다고 믿는다.

이전의 거부는 이제 신중한 접근 방식으로 바뀌었다. 에르빈은 이렇게 말했다. "제 삶에 약간의 테오발트가 있다면 제 자아상에 쉽게 통합할 수 있지만, 너무 많으면 위험할 겁니다." 에르빈은 올바른 남자는 '강철처럼 단단한' 사람이라는 생각을 여전히 견지했지만, 실제로 그는 오히려 부드러운 사람이었다. 물론 그런 자기 이미지를 한순간에 희생양으로 삼을 수는 없다. 그는 '약간의 테오발트'를 허용하고 싶었다. 예를 들어 그가 딸과 함께 '테오발트 투어'를 시도한 데서 이를 알 수 있다. 그는 딸에게 소리치며 지시를 내리지 않았고, 딸이 무서워하는 것이 무엇인지 물었다. 그는 이 그림자 인물과 부분적으로 동일시되었는데, 이 경우 완전하게 동일시될 때보다는 두려움을 덜 느낀다. 이런 식으로 그는 점차 자신의 자아상을 바꿀 수 있었다. 테오발트로 표현된 그림자와 매혹적인 아니마 형상은 비슷한 감정적 맥락에 속한다. 에르빈은 처음에는 그림자를 받아들일 수 없었지만, 그것을 진정으로 자신의 것으로 경험한 뒤에야 '테오발트 그림자'가 더 이상 두렵지 않은 삶의 영역으로 나아갈 수 있었다.

「거위 치는 소녀」에서 그림자와의 대결은 아니무스 측면(퀴르첸과 왕)의 발달을 통해 이루어졌다. 따라서 그림자와 관련해서 보면, 인안나 신화에서처럼 온전한 변화를 위해 노력하는 것이 아니라, 샛길로 접어드는 것처럼 보여도 확실히 발전 가능성이 있는 길을 택하는 것이 중요할 때가 있다. 이를 통해 더욱더 그림자와 조화를 이루게 된다. 정신 역학으로 설명하자면, 다가오는 아니마나 아니무스 측면의 발달로 자아의 일관성 및 정체성이 향상되어 자존감이 더욱 안정된다고 할 수 있다. 이렇게 우리는 그림자와 대면할 수 있다.

그림자와의 대결: 길가메시와 엔키두
\

길가메시와 엔키두 신화는 기원전 2000년경 수메르 제국에 널리 퍼져 있던 이야기다. 길가메시는 역사적으로 두무지의 뒤를 이은 우루크의 왕이다. 그러나 그는 수메르 신화에 등장하는 신화적인 왕으로 여겨진다. 3분의 2가 신이고 3분의 1이 인간이며, 키는 4미터 40센티미터에 처녀에게서 태어났다는 신화적 이야기에서 이런 점이 드러난다. 그의 어머니는 유능한 꿈 해설자였다. 길가메시는 꿈을 꾸면 어머니에게 꿈 해석을 부탁했다!

길가메시는 폭군이었다. 그는 왕국의 남성과 여성을 노예로 부렸다. 남자들은 그를 위해 일해야 했고, 여자들은 낮에는 그를 위해 음식을 만들고 밤에는 그의 성적 욕구를 충족시켜야 했지만 그는 결코 만족하지 못했다. 길가메시는 흉측한 괴물이었고 신들은 더 이상 그를 두고만 볼 수 없었다. 그들은 길가메시를 몰락시키기로 했다. 신 아누는 여신 아루루에게 길가메시를 죽일 상대를 만들라고 지시했다. 물론 길가메시는 이 사실을 전혀 알지 못했지만 두 번의 꿈을 꾸었고 어머니에게 이렇게 말했다.[10]

"오, 어머니. 어젯밤 꿈에서
저는 힘있게 사람들 사이를 걸었어요.
그때 하늘의 별들이 제 주위로 모였어요.
아누의 무기가 제게 떨어졌고
전 그걸 들어 올리고 싶었지만 너무 무거웠어요.
다른 곳으로 가려고 해도 움직일 수 없었지요!

우루크 백성들이 모여들었어요.
사람들이 그 발에 입을 맞추었어요.
전 그것에 기대었고 사람들이 받쳐주었어요.
제가 그것을 안아 올려 어머니 앞에 데려갔어요."

어머니는 이 꿈을 다음과 같이 해석했다.

"어쩌면 길가메시, 너와 비슷한 존재가
대초원에서 태어났구나. 대초원이 그를 키웠지.
그를 보면 기쁨이 있을 것이고
사람들은 그의 발에 입을 맞춘단다!
너는 그것을 안아서 나에게 데려오지.
그 강한 엔키두는
친구를 곤경에서 구해주는 동반자야!
그는 이 땅에서 가장 강한 자로
그의 힘은 아누의 요새처럼 막강하단다!
너는 그에게 여자에게 하듯이 속삭이고
(…) 하지만 그는 항상 널 구해줄 거야."

그리고 길가메시는 두 번째 꿈을 꾸었다. 거리에 도끼가

놓여 있고, 사람들이 그 주위에 서 있었다. 도끼는 특이하고 낯설게 생겼다. 길가메시가 말했다.

"저는 도끼를 보고 기뻤어요.
그것과 사랑에 빠졌지요. 마치 여자에게 하듯이
그것에게 속삭였어요.
그래서 그것을 데려다 제 옆에 눕혔어요."

길가메시의 현명한 어머니는 말했다.

"네가 본 도끼는 사람이란다!
네가 그를 사랑했으니, 마치 여자에게 하듯이 속삭였겠지.
그를 너와 동등하게 만들어주마. 그는 너에게 오게 될 거야.
곤경에 빠진 친구를 구해주는 동반자!"

그러자 길가메시는 말했다.

"위대한 조언자 엔릴의 명에 따라 제 소원이 이루어지길요.
저는 친구이자 조언자를 얻고 싶습니다.
조언자이자 친구를 얻고 싶습니다!

어머니가 그에 관한 제 꿈을 해석해주셨어요!"

길가메시의 어머니는 아들의 미래를 알고 있었다. 그래서 그녀는 우리가 볼 수 없는 것을 그의 꿈에서 보았던 것이다.

엔키두는 '좋은 땅의 사람'이라는 뜻으로, 하늘의 신 아누의 지시에 따라 여신 아루루가 창조했다. 엔키두는 동물적인 사람으로, 대초원에서 자랐으며, 동물의 젖을 먹었고, 머리카락을 한 번도 깎은 적이 없었다. 그는 침묵과 땅의 후손이다. 길가메시보다 머리는 작지만 몸집은 더 크고 힘도 거의 비슷했다. 길가메시에게 괴롭힘을 당하는 우루크 백성들은 길가메시만큼 강한 엔키두라는 사람이 있다는 소식을 듣고 온갖 방법을 다해 그 사람을 우루크로 데려오려고 노력했다. 그들은 먼저 그에게 성적 만족을 주는 여자를 데려와 7박 7일 동안 즐기게 했다. 그리고 술을 권한 뒤에, 결국 그를 설득해 우루크로 오게 했다. 길가메시와 엔키두는 서로 싸우는데, 두 사람의 싸움이 너무 격렬해서 신전 기둥이 거의 부러질 지경이었다. 중요한 건 누가 누구를 먼저 죽이느냐였다.

그때 갑자기 길가메시가 말했다. "나는 꿈에서 당신을 보았소." 그러자 엔키두가 대답했다. "알고 있소." 신화에 따르면, 그 순간 적대감이 봄바람처럼 사라졌다고 한다. 우선 그들은 자신의 엄청난 힘을 증명하고 서로의 힘을 인정했다. 이는 중요한 측면이다. 하지만 그 후에 말다툼이 계속 이어진다. 엔키두는 길가메시를 비판하면서, 그가 외부로부터 도시를 보호한다고 주장하지만 실제로는 내부에서 파괴하고 있다고 지적했다. 그러자 길가메시는 엔키두가 자기 의견을 가질 수 있는 능력이 없다고 말했다. 그가 며칠 전 야생 동물의 젖을 먹었다는 것이다. 엔키두는 길가메시를 오만하다고 비난하고, 길가메시가 아직 알지 못한 진실을 야생 동물에게서 들었다고 주장했다. 그들은 당장 서로를 죽여야 할지 고민했다. 그러다 길가메시가 말했다. "나는 오히려 당신의 동반자이자 형제가 되고 싶소." 둘은 서로 입 맞추고, 손을 잡고, 오랫동안 서로의 눈을 바라보고 껴안으며 기쁨에 웃고 울었다.

그들은 함께 모험을 떠났다. 이건 신들이 기뻐할 일이 아니었다. 두 사람이 거대한 삼나무 숲을 지키는 거인을 죽이자 거대한 삼나무가 뿌리째 뽑혔다. 이런 행동은 인안나에 대한 모욕이었다. 인안나는 이에 대한 처벌로 하늘의 황소를 보내지만, 두 사람은 그 황소마저 죽여버렸다. 신들은 더 이상 참을 수 없어 엔키두가 죽게 내버려두었다.

엔키두가 죽자 길가메시는 큰 슬픔에 빠졌다. 그리고 그 애도 과정에 대한 첫 번째 설명이 신화에 나온다. 엔키두가 길가메시에게 죽음의 경험에 직면하도록 했기 때문에 길가메시는 불로장생의 약초를 찾는다. 길고 고된 모험과 크나큰 고난 끝에 길가메시는 그 약초를 발견하고 돌아오는 길에 우물가에서 휴식을 취했다. 하지만 그가 쉬는 사이에 뱀이 그의 약초를 훔쳐갔다. 그래서 뱀은 불멸하고 사람은 불멸하지 않게 되었다. 신은 길가메시를 위로하고 죽음이라는 운명 앞에서 삶을 더 즐기라고 조언한다.

이 이야기는 투쟁을 통해 그림자를 수용하는 길로 나아가는 사례를 보여준다. 그림자와의 대결에 대한 예고는 오늘날에도 흔히 그렇듯 처음에는 꿈을 통해 나타난다. 그러면 그 그림자를 상징하는 사람이 등장한다. 길가메시는 엔키두를 자신보다 훨씬 교만한 원시인이자 짐승이라며 경멸한다. 오늘날에도 우리 인간은 동물과 공통된 본능 같은 측면을 경멸하고 그것을 그림자라고 부르는 경우가 많다.

두 사람이 대결한 후, 길가메시는 자신의 꿈, 어쩌면 자신의 소원을 떠올렸다. 그것은 강한 친구, 강한 조언자를 얻는 것이었다. 두 사람은 상대방의 강점을 존중하며 받아들였고, 말다툼 후에는 결국 친구가 되었다. 둘은 서로 싸운 뒤로는 더 이상 서로의 그림자가 아니었다. 그림자 인물이었더라도 우리가 그와 함께 싸우다가 그의 생존권을 증명하면, 그는 신뢰할 수 있는 동료가 되는 경우가 많다.

이 장면은 동화 속에 등장하는 혈육 간의 형제애를 연상시킨다. 혈육 간의 자매애라는 개념은 아직 형성되지 않았다. 피의 형제라는 개념은 도움이 필요한 친형제를 마치 자신의 목숨이 달린 것처럼 돕겠다는 것을 의미한다. 자신의 삶을 통해, 다른 사람의 성공적인 삶을 대신하는 것이다. 다른 사람이 최적의 삶을 살 수 있도록 노력할 때, 자신의 삶도 성공하는 것이다. 혈육 간의 형제애는 호혜주의에 기반을 두고 있기 때문에 둘 다 상대방이 자신에게도 똑같이 해줄 것이라고 믿을 수 있다. 이런 믿음은 살면서 난관을 극복하는 데 큰 힘이 된다. 길가메시와 엔키두가 맺은 우정의 배경에는 혈육 간의 형제애라는 높은 관계적 이상이 자리 잡고 있을 가능성이 높다.

길가메시와 엔키두는 함께 엄청난 에너지, 활력, 용기, 능력을 키웠지만, 그것이 신을 기쁘게 하지는 않았다. 결국 이 신화에서도 그림자와의 만남은 죽음과 자신의 필멸성을 마주하는 결과로 이어진다. 죽음, 즉 살아 있지 않음은 생명력과 활력의 그림자다. 죽음이 불가피하다는 사실을 염두에 두고 삶을 더욱 즐기라고 길가메시에게 조언한 여신은 올바른 해결책을 제시한 것이다. 생명력은 '죽음의 그림자'에 가려져서는 안 된다. 불멸이 중요한 것이 아니라, 죽음에 직면해서도 삶을 살아가는 것이 중요하다.

그림자 전투: 갈등적 우정
\

그림자와 싸우는 사람은 그림자에 덜 가려진다고 느낀다. 갈등적 우정은 신화적 인물이 아니더라도 '또 다른 자아Alter-Ego'의 그림자가 투사된 사람과의 싸움에서 이루어진다.

26세의 베아테는 남성을 주로 고용하는 회사에서 일한다. 이 회사에서 베아테 말고 여성은 한 명뿐이다. 그런데 베아테가 그 여성에게 실제로 의지하는 일은 절대로 불가능하다. 그 여성은 단정하지 않은 머리에 괴상한 옷차림을 하고, 반항적이고 건방지며, 요구가 많고 거만하다. 그저 불쾌할 뿐이다. 한마디로 모든 상황을 경직되게 하는 사람이다. 두 사람은 끊임없이 의견 충돌을 일으켰다. "그 사람이 말하길 제가 자기와 경쟁을 한다고 하는데 그건 당연히 말도 안 되는 이야기예요. 저는 절대로 아니에요. 그 사람이야말로 저한테 경쟁심을 가지고 있어요. 아마 길에 있는 가로등 기둥에게도 그럴걸요. 그 사람은 진짜 끔찍해요."

베아테는 이 동료에 대한 꿈을 꾸지만, 매우 익숙한 단계의 주체적 해석도 완강히 거부했다. 그녀는 이 동료의 어떤 측면과 대응될 수 있는 자신의 심리 내적 측면에 대해 이야기하는 것이 아니라, 그저 이 동료 개인에 대해 이야기했다. 그녀의 꿈은 베아테가 동료에게 가진 나쁜 인상을 확인해주었다. 베아테가 기본적인 단계의 주체적 해석을 무시한 것은 자신이 이 동료의 어떤 특성을 가지고 있다고 인정하기가 너무 역겹기 때문이다.

그리고 한동안 이 동료는 더 이상 어떤 역할도 하지 않았으며, 일상생활의 묘사에서도 꿈에서도 나타나지 않았다. 약 반년 후 베아테는 회사의 근무 분위기를 개선하기 위해 경영진에 제출했던 제안서를 보여주었다. 이 서류에는 두 개의 서명이 있었다. 하나는 그녀의 서명이고, 다른 하나는 '끔찍한 동료'의 서명이었다. 놀라워하는 나를 보고 베아테는 이렇게 말했다. "제 생각에 그녀는 용기와 아이디어를 가진 유일한 사람 같아요. 그리고 그녀도 제가 용기와 아이디어를 가진 유일한 사람이라고 생각해요."

그림자 자매 사이의 화해는 서로의 힘을 인정하고 서로를 존중하는 데서 시작된다. 따라서 둘은 아주 까다로운 관계인데도 불구하고—아니, 바로 그 때문일 수도 있지만—점점 더 사적인 시간을 함께 보내게 되었다. 베아테에 따르면 상황은 종종 격해졌고, 그들은 서로를 비판했다. 베아테는 실제로 반항적이었던 동료가 매우 위선적이고 순종적으로 행동하며, 어떤 대가를 치르더라도 상황을 지배하고 싶어하지만 그런 점을 인정하지 않는다고 비판했다. 하지만 베아테는 계속 그런 상황을 이어가고 싶지 않았다. 그들은 함께 구현하고 싶은 아이디어가 있었고, 그것이 두 사람이 협력하는 이유가 되었다. 어쩌면 둘 다 서로의 그림자를 다룰 수 있다고 생각했는지도 모른다.

그들은 길가메시와 엔키두처럼 그저 서로의 품에 안겨 사랑하는 것이 아니라, 계속 싸우면서 서로에게 배웠다. 이를 통해 베아테는 자신이 자신의 옷차림 취향만 옳다고 생각한다는 사실을 깨닫게 되었다. 그렇지 않았다면 그녀가 동료의 옷차림을 끊임없이 지적하지는 않았을 것이다. 우리가 자신을 모든 것의 척도로 여기지 않는다면, 타인이 나쁜 취향을 가졌다고 폄하하지 않을 것이며, 오히려 그 사람은 우리에게 생소한 다른 취향을 가졌을 뿐이라고 말할 것이다. 그렇기에 베아테는 짜증을 내기 시작했다. 그녀는 많은 면에서 자신을 모든 것의 척도로 여기고 다른 사람들이 하는 일을 그림자로 여기며 무시해왔다는 사실을 깨달았다. 자신과 다른 의견을 그대로 놔둘 수 없었을 뿐 아니라 그 의견을 평가절하했다. 결국 베아테는 자신에게서 그림자 행동을 알아차렸고, 그 행동을 쉽게 그만둘 수 없다는 사실에 힘들어했다.

하지만 베아테는 동료의 비판으로 인해 자신의 그림자를 더 잘 알게 되었고, 이제는 단순히 비판을 거부하는 대신 오히려 그 비판의 타당성을 평가하려고 노력하게 되었다. 동료는 그녀가 실제로 매우 화났을 때 특히 차분하고 부드럽게 반응한다고 비판했다. 지금까지 베아테는 자신의 그런 점을 큰 장점으로 여겨왔다. 스스로도 화가 났다는 걸 알고 있었지만, 남성이 많은 조직에서는 화난 모습을 드러내지 않는 편이 낫다고 생각해서 기분을 전환해 매우 온화해졌는데, 이런 점이 동료를 미치게 했던 것이다.

베아테는 자신이 아무리 상냥하게 굴어도 다른 사람들이 자신과 거리를 둘 것이라는 사실을 알고 있었다. 그리고 그녀의 동료는 분명히 화가 났음에도 명확한 신호를 보내지 않는 그녀의 행동이 극도로 짜증스럽다는 것을 알려줄 수 있었다. 두 사람 모두 자신이 상대를 '잔인하게' 대하는 경향이 있다는 데 동의한다. 한 사람은 더 직접적이고, 다른 한 사람은 특유의 온화한 성격 뒤에 공격적인 면을 숨기고 있었다.

베아테는 동료와 끊임없는 논쟁을 벌이면서 갈등을 처

리하는 능력이 더 좋아졌다. 이 관계는 두 사람이 서로를 존중하고 특정 생각을 공유하지만, '양립할 수 없기' 때문에 너무 가까운 관계를 원하지 않는다는 사실에 기초한다. 두 사람이 서로를 인정하는 것보다 더 친밀감이 허용되는 관계에서는 비교적 갈등을 직접적으로 해결하기 쉬워진다. 그리고 갈등을 다루는 능력이 좋아짐에 따라 상대방의 그림자에 대한 통찰력과 자신감도 커진다.

베아테는 동료에게 많은 그림자를 투사했고, 동료도 마찬가지였던 것 같다. 그림자 인물과의 끈질긴 싸움이 시작되면 처음에는 짜증과 거부감을 느낀다. 그러다 비판과 변화에 대한 요구가 생기고, 마침내 모두가 자신이 될 수 있다는 점을 받아들인다. 상대방의 짜증 나는 면이 자신이 극복하고 싶은 성격의 일부일 수도 있다는 통찰력을 얻는다.

베아테는 누군가를 온전히 좋아하지 않고도 그 사람을 존중하고 인정하고 사랑할 수 있다는 것을 깨달았다. 관계에서 정말로 중요한, 불일치를 해결하는 법을 배운 것이다.

그림자 이야기는 종종 관계에 관한 이야기지만, 대인 관계에서 일어나는 일은 항상 심리 내적으로 대응하는 측면이 존재한다. 베아테는 이제 꿈에서 동료가 그림자처럼 나타나는 상황을 자신의 인격이 주체적으로 표현된 것으로 자연스럽게 이해하게 되었다.

이 사례에서도 알 수 있듯이, 그림자 측면은 종종 강력하고 많은 에너지와 연관된 인격의 한 부분이다. 그렇기 때문에 그림자를 수용하는 것은 우리를 강하게 만든다. 하지만 우리가 그림자와 화해하지 못하고 싸우기만 하면, 그 속에 깃든 강력한 에너지가 우리를 무너뜨릴 수도 있다.

07

보완적 그림자와
유사한 그림자

나는 신화, 동화, 꿈, 일상의 경험을 바탕으로 그림자 수용의 몇 가지 모델을 만들었다. 말하자면 그림자를 수용하는 다양한 과정이다. 그림자 수용이 어떻게 일어나는지는 한편으로는 그림자 자체에 달려 있고, 다른 한편으로는 자아 콤플렉스의 일관성, 즉 어느 순간 자아가 얼마나 강한지에 달려 있다. 여기서는 보완적 그림자와 유사한 그림자를 살펴보고, 그 그림자의 수용을 다룬다.

보완적 그림자: 미지의 또 다른 나
\

인안나와 에레슈키갈은 상호보완적인 그림자의 예로 볼 수 있다. 화해할 수 없는 반대되는 두 인물이 서로 마주하는 것이다. 보완적 그림자를 받아들이면 이 그림자와 쉽게 동일시하게 된다. 그림자가 아닌 것과의 동일시가 너무 오랫동안 지속되어왔다. 그 결과 그림자는 점점 더 낯설고 기괴하고 부끄러운 존재가 되었고 점점 더 가치가 떨어졌다. 하지만 그림자와의 동일시가 일어나면 우리 자신의 태도와 행동이 낯설고 이상하게 느껴진다. 우리는 더 이상 스스로를 방어할 수 없어서 부끄러움을 느낀다. 여기서 위험한 점은 우리가 우리 자신을 완전히 낮게 평가하게 된다는 것이다. 즉 완전히 선하지 않은 사람은 몹시 나쁘다고 생각한다. 우리는 오직 선하고 밝은 면에만 자신을 동일시하면서 '좋음'과 '나쁨'을 구분했는데, 이 구분이 여전히 유효해서 어두운 면에만 자신을 동일시하게 된다.

분열의 방어기제를 사용하는 성향은 정체성 문제를 야기한다. 만약 모든 것을 '좋음'과 '나쁨'의 범주로 분류한다면 자신의 한 가지 면만 받아들일 수 있을 것이다. 또 어두운 면을 두려워할수록 자신을 이상화하고 그 과정에서 자신으로부터 점점 더 소외되고 비현실적인 기분을 느끼게 될 것이다. 이런 정체성 문제는 그림자 수용을 통해 극복할 수 있다.

그림자와 분리되면 우리는 옳은 것이 무엇인지, 다른 사람들이 어떻게 행동해야 하는지 정확히 안다고 믿는다. 이상은 우리에게 기준을 제공한다. 충족되지 않고 도달할 수 없는 기대는 실망을 가져오고 타인에게 감사하는 마음을 갖지 못하게 한다. 타인이란 존재는 우리를 완전히 다른 행동 방식에 길들이기 때문이다. 그림자의 근본적인 수용이 이루어지면, 이상에 어긋나는 삶의 방식은 무한히 많으며 그 방식들 역시 '옳다'는 사실을 알게 된다. 그러면 우리는 앞으로 다가올 일들을 훨씬 더 개방적인 태도로 맞이하고, 파괴적이지 않은 여러 삶의 방식과 풍요로움에 감사하게 된다.

하지만 이런 점은 우리가 자신의 가치 충돌을 비롯해 타인과의 가치 충돌도 다르게 본다는 것을 의미한다. 이는 더 이상 어떤 가치가 다른 가치를 '이기는' 문제가 아니며, 분쟁에서 승자와 패자가 있는 것도 아니다. 우리는 해당 가치들의 본질이 무엇이고, 통합의 여지가 있는지 끊임없이 재고해야 한다. 그럼으로써 갈등에서 양자 모두 승자가 되고 유리해지는 상황을 만들어야 한다.

절제력이 강한 누군가의 의식에 방금 탐욕의 그림자가 떠올랐으며, 그가 그 그림자로 인해 강한 저항과 수치심을 느낀다고 가정해보자. 이 사람은 언제나 탐욕스러운 사람들을 비난하고 경멸했으며, 만약 누가 그런 사람들과 아주 가까운 사이라면 꾸중하기도 했다. 이 그림자를 수용하는 일은 단지 자기 삶에서 절제의 장단점이나 탐욕의 장단점을 찾아내는 것만이 아니다. 탐욕이 그림자가 되면 그는 탐욕이 유용할 수 있고 정말 필요한 상황을 상상해야 할 것이다. 이를 위해서는 맥락상 탐욕과 연관되는 것들을 묶어봐야 한다. 식탐, 욕심, 호기심, 삶에 대한 욕망……. 그가 진지하게 고민한다면 절제의 단점을 포함해 생각할 것이 아주 많을 것이다. 그렇게 함으로써 그는 단순히 타협하는 것이 아니라, 삶에서 언제 절제하고 언제 탐욕을 인정할지를 결정해야 한다. 가장 중요한 목표는 활기찬 삶이다.

우리가 그림자 수용이라는 개념을 받아들인다면, 다른 사람과의 가치 충돌에서도 비슷하게 행동할 것이다. 절제하는 사람과 탐욕스러운 사람이 갈등을 겪으면, 두 사람 모두 어떤 지점에서 절제하거나 탐욕스러워질지 인식함으로써 해결책을 찾아야 한다. 그들은 절제가 삶의 기쁨으로 이어지는 맥락과, 탐욕이 삶의 기쁨으로 이어지는 맥락을 상정해야 한다. 여기에는 승자도 패자도 없다. 아마 둘 다 이길 것이다.

앞에서 이야기한 신화와 동화 모두 우리에게 그림자 수용이 일어나는 방식에 관한 몇 가지 지침을 제공한다. 이를 위해 중요한 전제 조건은 무엇이 그림자에 가려져 있지 않은지를 기억하고, 우리 자신이 완전히 그림자에 가려져 있지 않다는 점을 아는 것이다. 그림자에 크게 지배받지 않았던 삶의 시기를 떠올려보는 것도 도움이 된다. 이야기 속의 공감이라는 주제도 아주 중요하다. 즉 우리는 종종 우울한 결과를 초래하는 그림자화된 상황에서도 자신에게 공감을 느낀다. 그리고 우리는 우리의 행동에 대해 불편하다고 비판하지 않고 이해해주는 주변 사람들의 공감에 기댄다는 사실도 기억해야 한다. 이는 종종 다른 사람에게도 영향을 미친다.

그림자를 알고 수용하려면 먼저 내적 발달 경로를 따라야 한다. 이는 동화 「거위 치는 소녀」에서처럼 부모 콤플렉스로부터 분리되는 것과 관련된다.

여러 신화와 동화는 그림자 수용이라는 과제가 삶의 전환기에 발생한다는 것을 분명히 보여준다. 반대로 표현하면, 그림자를 더 이상 억제할 수 없을 때 삶의 전환기가 시작되는 것이다.

유사한 그림자: 싸움을 통한 수용
\

우리가 겪거나 억압하는 그림자의 일부를 다른 사람을 통해 알게 될 때, 그 그림자를 유사한 그림자라고 말한다. 길가메시와 엔키두가 그 예다.

　유사한 그림자를 가진 인물은 당연히 멸시받고 거부당하는데, 그렇지 않다면 그림자의 문제가 아닐 것이다. 사람들은 서로 싸우고 미워한다. 그러나 서로의 강점을 받아들이고 그림자에 갇히지 않는다는 인식을 통해 위협은 동반자가 생기는 경험으로 변화한다. 길가메시와 엔키두의 경우처럼 사랑으로 발전할 수도 있다. 그러나 아마도 더 흔하게는, 서로가 항상 상대방을 놀라게 한다는 것을 아는, 다정하지만 다소 조심스러운 관계로 이어질 수도 있다. 이것은 항상 '나쁜' 일을 예상한다는 의미가 아니라, 난처하고 혼란스러워질 수 있다는 점을 감안한다는 의미다.

　갈등 속에서 유사한 그림자를 받아들이는 일은 대인 관계에서도 일어날 수 있지만 심리 내적으로도 일어날 수 있다. 두 경우 모두 힘과 활력을 얻고 자기 정신의 새로운 측면에 접근할 수 있다. 그리고 더 큰 관용으로 이어지게 된다. 어차피 우리와 비슷한 생각과 행동을 하는 사람들을 받아들이는 데는 관용이 필요 없다. 관용은 우리와 다른 견해를 가진 사람들을 받아들이는 것을 의미하며, 이때 그 견해가 위협이 된다는 느낌이나 그 견해를 채택해야 한다는 압박감이 들지 않는 것이다. 우리는 그림자와의 대결을 통해 갈등과 관계를 더 잘 다룰 수 있다.

우리는 그림자에 대해 어느 정도 관용을 갖추었을 때, 또 충분히 일관된 자아 콤플렉스를 갖고 있고 그림자 인물을 현실에서든 꿈이나 환상에서든 완전히 그림자로 경험하지 않는 경우에만 그림자와 좋은 방식으로 싸울 수 있다. 이를 확인하기는 쉽다. 예를 들어 그림자 형제자매를 만났다고 가정해보자. 만약 이 사람이 당신에게 아주 성가신 사람이라면, 그리고 이 사람에게서 당신이 완강하게 거부하는 성격만 본다면, 당신은 그에게서 도망칠 것이다. 하지만 그렇게 거부하는데도 불구하고, 당신이 그에게 매력을 느끼고 그가 당신을 놓아주지 않을 정도라면 당신은 그에게 관심을 갖게 된다. 그렇게 당신은 그 사람과 관계를 맺는 데 성공할 것이다.

다른 방식으로 표현해본다면, 만약 우리가 꿈에서 나와 다른 사람, 그림자 인물의 어둡지 않은 면을 보는 데 성공한다면, 또 그림자뿐 아니라 빛을 찾는 데도 익숙해진다면, 그림자를 받아들이는 일은 더 쉬워질 것이다.

08

그림자를
받아들이는 일은
왜 힘든가

체면 때문에
\

체면을 잃느니 죽는 게 낫다는 사람들이 있다. 그리고 그림자 행동이 뚜렷하게 드러나면, 우리는 적어도 일시적으로 체면을 잃게 된다.

"체면을 잃느니 죽는 게 낫다!" 이는 사람들이 높은 자아이상과 엄격한 초자아로 생각하는 방식이다. 이런 주장은 높은 자아이상에서 다소 의식적으로 공식화된 사항을 요구한다. 자아이상은 우리가 타인에게 어떻게 보이기를 원하는지나 페르소나에 관한 것만이 아니다. 그 뒤에는 훨씬 더 근본적인 것이 존재한다. 우리 삶을 평가할 때 어떤 가치의 실현이 중요한지에 관한 질문이다. 물론 단순히 심리 내적인 평가가 아니다. 우리의 평가는 항상 타인이 우리를 보는 방식과 우리에게 피드백을 주는 방식에 따라 좌우된다. 우리는 공정해지려고 노력할 수 있고 스스로 공정하다고 생각할 수도 있지만, 공정해지려는 노력이 외부에서 확인될 때만 그 가치가 삶에서 실현되고 있다는 느낌을 받는다. 따라서 자아이상은 우리가 자신의 삶을 어떻게 평가하고 싶어 하는지를 결정한다. 어떤 사람은 정의로운 사람이 되고 싶고, 어떤 사람은 매우 사랑스러운 사람이 되고 싶고, 또 어떤 사람은 전문 분야에서 세상에 이름을 알리고 싶다. 이 모든 것이 자아이상의 표현이다.

자아이상에 대해 그림자와 관련해서 의문이 제기될 수 있다. 우리는 자아이상을 성취해야 할 규범이 아닌 지향점이라는 관점에서 지속적으로 삶의 방향을 잡는 이상으로 이해해야 하는가? 아니면 자아이상을 충족하지 않으면 실망과 초자아의 비난이 즉각적으로 뒤따르므로 우리는 매 순간 이것을 성취해야 하는가?

우리는 높은 자아이상이 과도한 요구일 수 있다는 것을 알고 있다. 매우 공정하려고 노력하는 사람은 아마도 원가족에게 불공정하다고 느꼈던 관계 역학의 반응으로 공정성을 키웠을 것이다. 그러므로 이 사람은 거의 확실히 불공정의 그림자를 갖게 되었을 것이고 가끔은 이 불공정의 그림자에 압도당하는 기분을 느꼈을 것이다. 그는 이 그림자에 특히 예민하여, 다른 이상을 지닌 사람에게는 오랫동안 정상적으로 여겨졌을 일이라도 불공정하다고 느낄 수 있다. 만약 이 사람이 자아이상을 자기 행동의 지향점으로 본다면, 자아이상의 충족이 무너지는 것은 병적인 것이 아니라 정상적인 일이다. 반면에 자아이상의 충족을 절대적인 요구 사항으로 간주한다면, 모든 불공정한 행동은 실패이자 재앙이며, 피하거나 적어도 거부해야 하는 것이 된다.

그림자를 받아들인다고 해서 우리의 이상을 희생하는 것은 아니다. 모든 이상은 어차피 그림자를 드리운다거나, 아예 이상이 없는 것이 낫다거나, 이상이 없으면 큰 실망이나 기대 없이 살 수 있다는 식으로 말하는 것도 적절치 않다. 그림자 수용이라는 개념을 자아이상을 해체하는 데 사용해서는 안 된다. 그림자 수용은 자아이상을 삶의 태도의 지향점으로 둔다는 점에서 절대적인 것을 상대화하는 일이다.

더 이상 스스로 구상하는 목표가 없고 자기 행동을 평가할 지침이 없으면, 자기 자신을 중요하게 여기지 않게 된다. 일종의 '무관심 제일주의'가 생기면 모든 것이 무의미하고 상관없어지는 것이다. 이러나저러나 결국 우리는 그림자에 갇힐 텐데 이렇게 애쓸 필요가 있을까 싶다. 하지만 자기 삶에 너무 소홀하면 시기심을 느끼게 된다.[1] 때로는 실망하는 것이 시기하는 것보다 나을 것이다. 시기심보다는 실망을 통해 창의성을 더 쉽게 발휘할 수 있기 때문이다.

만약 그림자 수용이 집단적으로 오해되어 이상을 희생해야 하는 것이라면, 우리는 신뢰할 수 있는 가치가 점점 줄어드는 사회에서 살게 될 것이다. 하지만 그림자 수용의 경우에는 그런 가치 상실이 발생하지 않는다. 우리가 그림자 수용을 올바르게 이해한다면 그림자와의 대립에서 늘 가치들 사이의 딜레마를 경험하게 된다. 하지만 이 딜레마는 단순히 승자와 패자가 존재하지 않는 방식으로 해결되어야 한다. 어떤 가치도 심리 내적으로 다시 절대화되지 않기 때문이다.

의심할 여지 없이 모든 이상은 새로운 그림자를 드리우기 때문에 그림자를 다루는 것은 사실 끝없는 싸움이다. 이것이 바로 우리는 원하지 않더라도 반복적으로 나쁜 일을 하게 되고 그것에 책임을 져야 한다는 칸트의 말이 의미하는 바다. 융 심리학에서 '원형적 그림자'라고 이해하는 것이기도 하다. 하지만 이 말은 우리가 인생에서 그림자를 느끼지 못하거나 이미 습관이 된 그림자에 시달리는 상황이 전혀 없다는 뜻은 아니다. 깊은 심연의 그림자에 시달리는 상황도 언제나 있을 수 있다.

높은 자아이상은 강한 초자아가 끊임없이 그 실현을 요구할 때 특히 문제가 된다. 초자아는 양육에서 시작된—종교역시 그렇다—우리의 콤플렉스에서 부분적으로 비롯된 것들이 내면화된 규범과 규칙을 말한다. 즉 아주 어린 시절뿐 아니라 노년까지 겪어온 힘든 관계들이 내면화된 것이며, 부분적으로는 우리가 살고 있는 사회에 의해 직접적으로 강요되기도 한다.

초자아는 더 많이 요구하거나 덜 요구할 수 있고, 더 많이 허용하거나 덜 허용할 수 있다. 규칙을 지키는 것에 매우 신경 쓰는 부모를 둔 아이들은 일반적으로 관대한 부모 밑에서 자란 아이들보다 강한 초자아를 가지고 있다. 규칙을 따르지 않으면 죄책감을 느끼게 되는 방식으로 종교적으로 사회화된 사람, 어린 시절에 종교를 너무나 당연하게 여겨 항상 죄책감에서 벗어나려고 노력해야 했던 사람도 대개 나중에 강한 초자아를 갖게 된다. 매우 강한 초자아를 가진 상황에서 그림자 행동은 의도된 것이 아니며, 이는 피해야 할 일이고 일어난다면 반드시 근절해야 하는 것이다.

다른 사람을 도우려는 자아이상에 따라 살고, 한 번 맡은 의무는 반드시 이행하려고 하는 사람도 엄격한 초자아를 가진다. 그는 이 이상을 실현하지 않으면 자기 삶이 가치가 없고 더 이상 길이 없다고 여긴다. 이런 판단은 그가 타인의 우려와 요구에 맞서 자신을 방어할 수 없다는 걸 의미한다. 이런 사람들은 갑자기 자신이 원하지 않는 엄청난 의무에 짓눌리고 그것에 압도당해 힘들어한다. 하지만 계속해서 의무를 다하고 오직 잠자는 동안에만 이에 대해 치를 떨지도 모른다. 대부분의 사람에게는 자기 조절 메커니즘이 있다. 사람들은 너무 힘들어지면 잠시 쳇바퀴에서 내려와 자유 시간에 자신이 행복해지는 일을 한다. 하지만 그토록 의무를 다하는 사람은 자신에게 기꺼이 보상을 줄 수 없는데, 그 보상으로 아무것도 하지 않으면 자신의 그림자가 드러나기 때문이다. 이런 사람은 다른 사람들이 끔찍하게 게으를 수 있다는 사실에 종종 화를 내곤 한다. 게으름은 그들에게 그림자인 것이다. 하지만 그럼에도 어느 순간 그림자는 자신의 존재를 알려온다.

다양한 모임에서 활동하며 다른 사람들의 삶을 개선할 좋은 아이디어를 잔뜩 가진 한 남자는 이렇게 말했다. "산처럼 쌓인 서류 더미에 눌려 있는데, 갑작스럽게 이런 생각이 떠오르더군요. 낡은 오토바이를 타고 그냥 마구 달릴 수 있겠구나 하는 생각 말이에요. 그러면 엄청난 소음이 날 테고요." 왜 그런 상상을 실현하지 않는지 묻자 그는 이렇게 답했다. "우선, 경찰에 붙잡히지 않겠어요? 오토바이가 너무 위험하기도 하고요. 게다가 그냥 그렇게 타고 다닐 수는 없잖아요. 사람들은 제가 할 일이 없다고 생각할지도 몰라요." 그의 상상 속에서는 확실히 보상에 대한 생각이 떠올랐지만 너무 그림자 같다는 이유로 거부된 것이다.

비슷한 상황에 처한 다른 사람들은 갑자기 그만두는 상상을 하기도 한다. 이때 가치가 뒤바뀐다. 현재의 삶은 그림자로 설명되고 좋은 삶의 적이 되는 것이다. 그리고 그들은 '완전히 다른 삶'이라는 환상을 꿈꾼다. 이런 시도는 대체로 순간적이고 비생산적이다. 왜냐하면 그들은 남몰래 오래전부터 중도 포기자들에 대한 판단을 마쳤기 때문이다. 비록 중도 포기자들이 파리 센강 다리 아래의 부랑자들처럼 다소 낭만적으로 여겨지기는 하지만 말이다. 자유라는 개념은 실현되기도 전에 이렇게 철회된다. 빛과 그림자는 다시 원래의 자리로 돌아간다. 빛은 현재 상황이고, 그림자는 중도 포기자들이 살아가는 모습이 된다.

이들은 무엇을 두려워하는가? 다른 사람들이 알 수 없는 것, 볼 수 없는 것은 무엇이며, 만약 '그것'을 알게 된다면 다른 사람들은 어떻게 생각할까? '그것'이 바로 흥미로운 지점이다. 이 '그것'에 누구도 알 수 없는 그림자가 생긴다. 그리고 '그것'에는 무엇이든 숨길 수 있다. 다른 사람들이 알 수 없는 질병, 무능력, 일반적이지 않은 성적 지향, 아주 정상적인 게으름이나 정상 범주보다 훨씬 심각한 무기력감 같은 것들 말이다. 그들은 사람들이 자신에게 혹독한 판단을 내릴까 봐, 자신이 동네 웃음거리가 될까 봐, 또 도저히 살 수 없어서 그곳을 떠나야 할까 봐 두려움을 느낀다.

이런 식으로 반응하는 사람들은 높은 자아이상뿐 아니라 강한 초자아도 가지고 있다. 이 조합은 특히 우울한 의식 구조를 가진 사람들에게서 뚜렷하게 보인다.[2] 어떤 사람과 다른 사람의 관계, 그의 자아와 내면세계의 관계가 매우 특정한 방식으로 구조화될 때 '우울 구조'라고 한다. 이런 사람들은 주변 사람들의 요구, 심지어 상상 속의 요구도 지나치게 따르며, 이로 인해 제약을 받는다고 느낀다. 이는 자존감의 감소로 이어지며, 높은 자아이상을 추구하는 것으로 보상된다. 이들은 자신이 원하는 것, 즉 다른 사람의 사랑과 수용을 얻지 못하기 때문에 자신에게 점점 더 어려운 요구를 하게 된다. 만약 사랑하는 사람을 잃거나 명예나 직업을 잃는 것처럼 중대한 상실을 겪는다면 우울증이 생길 수도 있다. 하지만 우울증에 걸린 사람들은 이를 자기 자신과 다시 소통할 기회로 여기지 않으며, 자신의 삶에서 무엇을 기대할 수 있는지 알아낼 기회로 여기지도 않는다. 우울증 자체는 타인에게 숨겨야 할 실패로 생각된다. 즉 그림자가 된다. 이런 수치심이 심해지면 심지어 자신의 수치심이 드러나지 않도록 자살하는 경우도 있다. 사람들은 이들이 그림자를 다루는 데 있어 더 많은 자유를 누리길 바란다. 그러나 이들은 그림자와 싸우더라도 단지 은폐한다는 의미에서만 싸울 뿐이며 결국에는 그림자가 승리한다. 그리고 사람은 죽는다.

베른하르트 슐링크Bernhard Schlink의 소설 『책 읽어주는 남자』는 그림자와 수치심이 어떻게 연관되는지, 그리고 그림자를 숨기는 것이 얼마나 치명적일 수 있는지 보여준다.[3] 소설 속 주인공인 한나는 읽고 쓸 줄 모르며, 이 사실을 비밀로 하기 위해 온갖 수단을 동원한다. 그녀는 직장에서 승진 제안을 받더라도 자신의 수치심이 드러날 위험이 있으면 도망친다. 그녀는 전쟁 당시 크라쿠프 근교의 작은 수용소에서 간수로 일한 혐의로 다른 네 명의 여성과 함께 재판을 받는데, 기소 내용을 읽지도 못하고 변론을 준비하지도 못했음에도 자신의 운명을 결정하는 중요한 보고서를 썼다는 사실을 인정한다. 모든 비난이 그녀에게 돌아간다. '문맹인 게 드러날까 봐 범죄를 자백한다고? 문맹인 게 드러날까 봐 범죄를 저지른다고?'[4] 한나는 감옥에서 읽고 쓰는 법을 배우고, 형기를 마친 후 자살한다.

그림자라는 덩어리
\

우리가 억압하는 것은 무의식 속에서 연결되고 통합된다. 이것은 집단에서 배제된 사람들이 종종 서로를 찾는 것처럼 의식적으로 관계를 맺는 것과 비슷하게 작동한다. 그렇기 때문에 투사나 꿈에서 사람들은 단순히 묘사할 수 있는 그림자 특성을 다루고 있는 것이 아니라는 느낌을 종종 받는다. 그림자와 그림자가 합쳐져 그림자의 집합체가 만들어지는 것이다. 하지만 아니마나 아니무스와 같은 정신 구조 역시 그림자에 가려져 있다. 동화 「거위 치는 소녀」에서 우리는 아니무스의 특성을 발달시키면 그림자에 더 잘 대처하고 그림자에 가려지는 일을 막을 수 있다는 것을 알게 되었다.

아니마나 아니무스가 그림자에 가려져 있는 경우, 종종 '부정적인' 아니마 또는 '부정적인' 아니무스라고 불린다. 나는 이런 표현이 정확하지도 않고 도움이 되지도 않는다고 본다. 즉 정렬 구조로서의 원형은 그 자체로 긍정적이거나 부정적이지 않다. 그것들은 의식과 연결될 때만 긍정적이거나 부정적일 수 있다. 반면에 우리가 '그림자화된' 아니마나 아니무스에 관해 말한다면 치료적으로 훨씬 더 나은 효과를 볼 수 있을 것이다. '부정적인' 아니마 또는 '부정적인' 아니무스는 피해야 할 것을 의미한다. '그림자화된' 아니마나 '그림자화된' 아니무스는 피해야 할 것이 아닌 바라보고, 이해하고, 다루는 법을 배워야 하는 것이다. 결국 그림자와 아니마, 그림자와 아니무스를 분리하는 것이 중요하다.

일종의 '권력의 아니무스'는 권력의 그림자와 아니무스적 존재가 합쳐져서 만들어진다. 권력의 그림자란 권력에 대한 억압된 주장, 우리가 직접 표현할 수도 없고 견뎌낼 수도 없는 권력에 대한 주장을 의미한다. 이것이 바로 '권력의 아니무스'가 발달하는 방식이다. 아니무스의 원형은 예를 들어 꿈을 통해 영적인 연결에 대한 매혹과 결합되어 정신에 자리 잡는다. 이 매혹을 평화롭게 받아들일 수 없다면 권력의 그림자를 가진 사람은 자신이 원하든 원치 않든 그 그림자에 상응하는 주제로 많은 사람을 기쁘게 할 것이다. 그는 사람들에게 강요할 것이고, 그것을 피할 방법은 없다. 이런 식으로 '피해자'가 된 사람이라면 누구나 이 강제적 태도 뒤에 숨겨진 욕망, 인정받지 못한 권력에 대한 갈망이 무엇인지 자문하게 된다. 하지만 '아니무스에 사로잡힌' 사람은 어쩌면 그저 굉장한 충만감을 느끼고 있을 뿐이며 인간이 영적 자극에 감사하는 마음이 없다는 사실에 놀랄 뿐이다. 이것은 우리 자신이 가진 권력의 그림자를 보고, 그것을 받아들이고 책임감 있게 다루는 것과 관련된다. 단순히 권력을 악마화하는 것이 아니라 그 힘과 중요성을 획득하기 위해 노력한다는 뜻일 수도 있다. 우리는 권력을 악용할 필요가 없다.

우리는 또한 우리 동료의 독특하고 가학적인 성향을 가진 신비롭고 매혹적인 낯선 사람을 꿈꿀 수도 있다. 즉 정신의 신비한 면을 보여줄 수 있는 아니무스적 존재는 우리에게 가학적으로 보인다. 우리에게 아직 낯선 측면은 가학적 그림자에 가려져 있다. 동화에 등장하는 사악한 산의 정령들은 그림자와 늙은 현자의 결합, 즉 아니무스의 구성이며, 사악한 마녀들은 그림자와 늙은 현자의 결합, 즉 아니마의 구성이다. 그림자화된 아니마는 꿈에 나타날 수 있는데, 이 매혹적이고 신비로운 낯선 사람은 추하고 역겹게 보이는 베일을 쓰고 손에는 독버섯을 쥐고 있다.

그림자화된 아니마, 그림자화된 아니무스를 대면했을 때 우리는 어떻게 해야 할까? 이런 상황에서는 그림자와 원형의 이미지를 바로잡는 것이 도움이 된다. 먼저 억압된 그림자를 살펴볼 수 있다. 이는 그저 우리 개인의 그림자가 아닐 수 있다. 특히 마녀와 관련된 경우 사회적 그림자일 수도 있다. 이런 그림자의 억압은 해제되어야 한다. 그 해제는 일반적으로 그림자 수용을 통해 이루어진다.

하지만 그림자와 아니마/아니무스의 정상화는 다르게 일어날 수도 있다. 예를 들어 꿈속에 등장하는 신비롭고 낯선 사람이 내 동료의 가학적 성향을 가지고 있다면, 우리는 일시적으로 가학적 성향을 잊고 꿈속에 나타난 신비롭고 낯선 이미지에 사로잡혀 이와 관련된 감정과 환상이 나타나도록 할 수 있다. 우리는 우리 정신의 매우 중요한 부분과 연결되어 있다고 느낄 것이고, 평소보다 자신과 더 평화롭게 지낼 수 있을 것이다. 그러면 기분이 좋아지고, 자존감이 높아지며, 그제야 신비롭고 낯선 사람의 얼굴에 나타난 가학적 표정이 무엇을 뜻하는지 자문하게 될 것이다. 우리는 자신이 다른 사람을 향해 가학적으로 행동하는 성향이 있다는 매우 나쁜 예감을 불현듯 느낄 수도 있다. 심지어 가학적 행동을 전적으로 거부하더라도, 자신이 불행할 때는 다른 사람을 냉소적으로 폄하하는 경우도 있다.

이런 무의식의 그림자는 다른 방식으로 나타날 수 있다. 누군가는 이렇게 설명한다.

> "지난 3개월 동안 안개 낀 풍경, 안개 낀 집, 안개 낀 도시가 나오는 꿈만 꿨어요."

일반적인 그림자 문제는 무의식의 다른 내용에도 적용되지만, 이건 모순이 아니라 모든 것에 엄청난 우울이 깔려 있다는 의미일 수도 있다. 여기서 우리가 사람뿐 아니라 풍경과 대기에도 그림자를 투사할 수 있음을 알 수 있다.

외모나 행동이 점점 더 그림자에 가려지는 그림자 형상은 치료 과정에서 매우 중요한 의미를 지닌다. 이 '응축된' 그림자를 개인의 그림자 특성으로 받아들이기는 매우 어렵고, 일상생활에서 그것을 찾아내 책임감 있게 처리하기도 쉽지 않다. 그러므로 우리는 이 그림자 집합체를 부분 부분 분해해야 한다. 그림자 요소들을 분해하는 작업, 즉 분석이 깊은 의미를 지니는 이유는 자존감을 크게 위협받지 않으면서도 그림자의 개별적 측면을 받아들일 수 있기 때문이다.

꿈의 예시

여성과 남성에게 매우 비슷한 방식으로 나타나는 응축된 그림자 꿈을 살펴보자. 다음의 예는 한 34세 여성의 꿈이다.

"저는 우리 집 거실에 있어요. 주위는 매우 어두운데 무언가가 긁히는 소리, 갈리는 소리가 들려요. 문틈으로 밖을 내다보니, 밖에 도끼를 손에 든 거구의 남자가 서 있어요.

그의 우악스러운 팔이 보이는데 털이 나 있는 것 같아요. 머리는 확실히 붉은색이었고 몹시 무섭게 생겼어요. 그러다 저는 땀에 흠뻑 젖은 채로 깨어나요."

이 괴물 같은 인물은 그림자 특성들이 밀집된 그림자 집합체다. 이 여성이 두려워하는 사람은 거대한데, 거인과의 연결이 이루어진 것이다. 우리는 거인을 두려움을 주는 어떤 엄청난 힘과 연관시킨다. 동화 속의 거인은 멍청해서, 목숨을 잃을까 겁에 질린 사람들에게 잘 속지만, 이 꿈에 나오는 거인은 그렇지 않다. 거구의 남자는 손에 도끼를 들고 있고, 특히 파괴적인 인물로 인식된다. 꿈을 꾼 여성은 약간 모호하긴 하지만 그 인물을 야생 동물과도 연관 짓는다. 만약 야생 동물이라면, 그녀는 그 동물과 대화할 수 없을 것이고, 그러면 두려움이 더 커질 것이다.[5] 붉은 머리카락은 종종 열정적이고 에로틱한 사람을 연상시키지만, 화가 많고 격노하는 사람과도 연관된다. 이 여성은 어렸을 때 사람들이 붉은 머리카락을 가진 사람은 모두 괴물이라고 말했던 걸 기억한다. 그 괴물이 문 앞에 나타난 것이다.

이 꿈과 관련된 감정은 큰 두려움이다. 이는 거인이 '그녀를 바로 잡아갈 것'이며, 문을 부수고 들어와 그녀를 죽이거나, 문을 부수지 않더라도 열쇠 구멍이나 문 아래로 들어올 거라는 그녀의 예상과도 연관된다. 이 거인은 그녀가 원하든 원치 않든 등장하는데, 믿을 수 없이 집요한 구석이 있다.

꿈을 다룰 때는 다양한 그림자 측면에 집중할 수 있다. 꿈을 꾼 여성의 자존감을 너무 떨어뜨리지 않기 위해, 먼저 제일 덜 두려운 그림자 측면에 접근해보았다. 꿈을 꾼 여성은 붉은 머리에 대해 이야기했고, 나는 그녀에게 '붉은 머리' 같은 행동을 때때로 하느냐고 물었다. 오랜 대화 끝에 그녀는 자신이 실제로 매우 열정적이고 대담한 성적 행위를 했다는 결론에 도달했고, 품위 있는 여성에게 그런 행동은 '심하게 비난받을 만한' 일이기 때문에 그 일을 매우 폄하했다. 일종의 섹스 괴물이라는 것이다. 오랫동안 그녀가 매우 음란하다고 생각했던 성적 취향에 대해 이야기하고 나자 그 그림자는 더 이상 억압되지 않았다. 우리가 대화를 나누면서 그것에 대해 숙고하게 되었기 때문이다. 그녀는 더 이상 자신의 그런 면을 음란하다고 생각하지 않았고 실제로는 매력적이라고 생각하게 되었다.

그녀는 심호흡을 하고 똑바로 앉아서 말했다. "도대체 저는 왜 그렇게 오랫동안 활기 없는 품위의 감옥에 갇혔던 걸까요? 이제는 자유로워졌어요. 하지만 이 모든 것이 현실이 되면 상황은 다시 달라질 수도 있겠지요." 이런 인격 측면은 두려움을 유발하기 때문에 억압되었을 수 있다. 두려움을 유발하는 것은 억압되고, 그 억압된 것이 두려움을 유발하는 것이다. 아마도 이 여성은 이제 삶의 이런 측면에 대해 큰 호기심을 가질 것이며, 이 활력을 마음껏 펼치고 싶은 열망을 갖게 되었기 때문에 그녀의 용기는 두려움보다 더 클 것이다.

이제 그녀는 도끼로 관심을 돌렸다. 오랜 대화를 나누고 난 뒤, 그녀는 자신이 때때로 다른 사람의 생각이 모두 쓸모없다고 증명함으로써 그들의 생각을 잔인하게 짓밟는다는 것을 깨달았다. 그녀는 자신의 말들이 대체로 사실이라고 했지만, 어쩌면 상황을 조금 다르게 처리할 수 있지 않았을까? 그녀의 방식은 너무나 직접적이고 폭력적이지 않았을까?

이처럼 그림자 특성이 복합적으로 섞여 있는 꿈, 예를 들어 그림자의 체현이 너무나 괴물 같아서 더 이상 자신의 그림자 인물로 받아들일 수 없는 꿈을 꾸었을 때는 그림자를 개별적 요소로 분해할 수 있다. 그리고 이 요소들은 일상적인 그림자 행동과 연관되어 받아들여질 수 있다. 특히 우리가 몹시 두려워하는 그림자 측면도 그것을 받아들이면 활력이 매우 증가하는 경우가 많다.

09

관계 속의
그림자

앞에서 보았듯이 억압된 모든 것은 심리 내적으로 통합된다. 예를 들어 우리는 그림자화된 아니마와 그림자화된 아니무스에 관해 이야기했다. 그러나 그림자를 다루는 것은 항상 심리 내적인 문제이자 관계의 문제다. 다양한 그림자 측면은 심리 내적으로만 연관되는 것이 아니라 다른 사람과의 관계와도 연관될 수 있다.

관계 속의 그림자는 매우 다면적이다. 그림자 투사, 투사적 동일시, 그림자 위임이 일어나며, 사실상 '공동의' 그림자가 '단독' 그림자보다 더 중요하다. 아니마와 아니무스가 자리 잡은[1] 사랑의 관계에서도 두 사람의 억압된 그림자가 '공동의' 그림자로 자리 잡는다. 그리고 이상적인 관계, 가족의 그림자 등으로 인해 생겨나는 그림자도 있다.

그림자 투사는 도처에서 빈번히 일어나고 당연히도 가

까운 관계에서는 특히 더 그렇다. 우리는 때때로 다른 사람들에게서 우리의 그림자가 무엇인지를 정확히 보고, 다른 사람들의 그림자와 싸운다. 심지어 은밀하게 그것을 즐기기도 하며, 자신이 그림자를 가진 사람보다 우월하다고 느낀다. 자신이 더 나은 인간이라는 것이다. 이런 식으로 그림자를 투사하는 방식은 형제자매, 부모와 자녀, 부부 등 여러 관계에서 발생한다.

그림자는 그것이 자리 잡고 있을 때 투사된다. 항상 자리 잡고 있지는 않다. 그림자가 항상 자리 잡고 있다면 우리는 결코 그림자 없는 자신을 경험할 수 없을 것이다. 그리고 동일한 그림자 측면이 지속적으로 자리 잡는 것도 아니다. 우리의 정신은 매우 역동적이다. 스트레스를 받을 때처럼 그림자가 더 쉽게 자리 잡는 상황도 있다.

그림자 투사는 끊임없이 발생하지는 않지만—혹은 가끔만 발생하지만—우리는 일반적으로 배우자의 그림자 특성을 정확히 알고 있고, 가끔 친구들과 그것에 대해 이야기하곤 한다. 하지만 자세히 살펴보면, 그 그림자가 누구의 것인지 잘 알 수 없다. 내 그림자인가, 투사된 것인가? 그의 그림자인가, 그녀의 그림자인가? 상대방이 그림자로 여기지 않는 것을 나는 그림자로 경험하는가? 이에 대해 대표적인 예를 들어보겠다.

> 어지럽히기 좋아하는 사람은 자신의 그런 점을 그림자 특성으로 볼 수 없다. 하지만 천성적으로 정돈된 것을 선호하는 그의 아내는 어지럽히는 성향을 남편의 그림자라고 설명하며 근본적인 개선을 요구한다.

이와 관련하여 앞에서 살펴본 그림자 진단이 이루어진다. 짜증이 나서 배우자를 '항상 어지럽히고, 늘 배려가 없고……'라는 식으로 비난하곤 한다.

타인의 그림자를 '소화'하다

투사의 특별한 형태로 투사적 동일시가 있다. 내가 상대방에게 그림자를 투사하고 그가 나보다 그림자를 더 잘 처리하기를 바라는 것이다. 나도 그림자를 받아들일 수 있도록 그가 그림자를 정리해주기를 기대하는 것이기도 하다.

한 28세 남성이 대략 1년 동안 한 여자와 사귀었는데, 자신은 그 여자가 전혀 좋지 않지만 매우 중요한 사람이라 떠날 수 없다그 이야기한다. 이런 바람직하지 않은 모습은 어떤 상태일까? "그녀는 저를 자신에게 아주 가까이 다가오도록 유혹하는데, 저는 그걸 즐겨요. 하지만 그러다 갑자기 그녀를 밀어내야 해요. 거리가 필요하거든요. 저는 그런 일이 일어나길 전혀 바라지 않지만, 그런 일이 계속 생겨요. 싸우다 지쳐 죽을 지경이지요. 하지만 대부분의 경우, 저는 냉소적이기도 하고 가끔은 아주 통제 불능이 되기도 해요. 또 이와 상관없이 엄청나게 매력적이기도 하고요."

그는 다른 여성과의 관계에서는 친밀함과 거리의 문제를 느끼지 못한다. 이 문제는 치료 관계에서도 나타나지 않으며, 꿈에서도 확인할 수 없고, 그의 원가족에서도 발생하지 않는다. 그는 그것을 '들어온' 그림자라고 부른다.

그는 이 문제가 발생한 여성과 이야기를 나누었다. 그녀에게 이 문제는 새로운 일도 놀라운 일도 아니며, 오히려 익숙한 일이었다. 그녀는 항상 그런 식으로 행동하는 남자들을 봐온 터라 남자들은 다 그렇다고 확신한다. "남자를 유혹해서 가까이 다가오게 할 수 있지만, 그러면 그들은 겁을 먹고 다시 뒤로 물러나서는 제풀에 지쳐 나가떨어져서 비꼬고 상처를 줘요." 이 여성은 남성들과의 경험을 일반화하여 이를 모든 남성의 특성으로 여긴다.

이 남성의 경험과 행동은 이 여성의 그림자와 투사적 동일시를 한 것일 수 있다. 그녀는 친밀함에 대한 욕구를 투사하고, 남성이 그 투사에 따라 행동하게 한다. 이렇게 그는 그녀가 행하는 투사에 동일시된다. 하지만 그녀는 친밀함에 대한 욕구뿐 아니라 친밀함에 대한 두려움도 가지고 있는데, 이로 인해 모호한 기대감이 생겨난다. 그런데 그녀의 행동에는 친밀함에 대한 두려움이 전혀 나타나지 않는다. 남성의 생각은 아마 다음과 같을 것이다. '너는 내가 너와 가까워지고 싶을 때는 나를 밀어내고, 내가 혼자 있고 싶을 때는 내가 너의 친밀함의 욕구를 채워주길 원하지.' 만약 이 남성이 이런 투사에 동일시되고 그것이 자신의 그림자 투사가 아니라는 것을 깨닫는다면, 그는 이에 대처해야 하며 마음속 비난도 그에 따라 처리해야 한다.

치료 상황에서는 투사적 동일시가 종종 발생한다. 이때 치료사는 일종의 모델로 그림자 진단을 어떻게 처리하는지 보여줘야 한다. 그렇게 하면 그림자가 덜 위협적이고 받아들이기 쉬워진다. 따라서 그림자 수용은 다른 사람에게서 그림자가 들어왔을 때, 즉 일시적이지만 실제로 동일시가 일어났을 때 그림자 진단을 처리하는 방식에서 배울 수 있다. 즉 투사된 그림자를 일시적으로 자신의 그림자로 인식하고 그것에 따라 행동하는 방식에서 배울 수 있다.

만약 자아 일관성이 높지 않다면, 즉 상대적으로 그림자를 용납하지 못하는 사람이라면 다른 사람에게 자신의 그림자를 투사할 것이다. 그리고 다른 사람이 자신의 그림자를 다루도록 내버려둘 것이다. 치료사는 이 문제를 알고 있으며 어떻게 처리해야 하는지도 알고 있다. 그러나 일상생활에서 이런 '강제적인' 그림자 진단을 받으면 우리는 일단 화가 나고, 조종당했다고 느끼며, 부당한 대우를 받았다고 생각한다. 그래서 상대방에게 자기 집 문 앞의 쓰레기를 빨리 치우라고 요구하게 된다.

앞선 사례의 남성은 자신을 비난하거나 괴로워하지 않고 마치 그것이 자기 문제인 것처럼 그 딜레마를 공식화해야 했다. "나는 엄청나게 화가 났고, 이런 상황에서 갑자기 엄청난 양가감정을 느낀 게 부끄럽기도 해. 한편으로는 너와 가까워지고 싶지만, 또 한편으로는 너를 밀어내고 싶지. 이건 내가 나 자신에 대해 잘 모르는 부분이고, 너한테는 끔찍한 일일 거야. 너는 자기 입장이 어떤지 모르고, 나는 그런 걸 원하지 않아. 앞으로는 두려움을 느낄 때마다 그 두려움을 구체적으로 표현할게."

이것은 투사를 다루는 한 가지 방법이다. 전제 조건은 투사가 우리 안에서 일으키는 감정과 행동을 감지하고 진지하게 받아들이는 것이며, '부당함'을 견뎌내고 때로는 그것과 관련된 두려움도 견뎌내는 것이다. 이 사례에 나오는 여성은 이런 대처 방식을 관계 속의 모호함과 두려움을 다루는 모델로 이해할 수 있다. 무엇보다도 그녀는 이 문제에 대해 이야기할 수 있다는 점, 또한 그 행동에 충격받을 수 있지만 동시에 그 행동을 책임질 수 있고 자신을 비난하지 않아도 된다는 점을 경험하게 될 것이다.

오히려 그다지 가깝지 않은 사람들의 경우에 그림자 투사로 적대적 이미지가 나타날 수 있다. 가까운 사람들에게는 보통 그리 해롭지 않은 투사적 동일시가 일어난다. 관계 속에서 우리는 항상 다른 사람을 대신하여 그의 그림자를 다루어서 그가 그 그림자를 더 쉽게 받아들일 수 있도록 해야 한다. 상대방이 우리의 그림자 진단을 견뎌내고 그것으로 인해 무너지지 않는 것이 중요하다. 만약 그가 그림자를 다룰 수 없다면, 모욕과 상처가 생기고 새로운 비난이 이어질 것이다. 그러면 결국 그림자 자체는 처리할 수 없게 되고 오히려 새로운 그림자만 많이 생길 수 있다.

그림자의 위임

\

40대 부부가 있다. 아내는 남편이 실제로 사용하지는 않지만 범죄를 일으킬 만한 에너지를 많이 가지고 있다고 말한다. 예를 들어 남편이 국가 철도망 전체를 마비시킬 수 있는 방법이나 수년간 눈에 띄지 않게 국방부 컴퓨터에 로그인하는 방법을 생각할 때 그런 에너지가 드러난다는 것이다. 그는 또 완벽하게 은행을 습격하려면 어떻게 해야 할지도 계속 생각한다. 이 남성은 적응력이 뛰어난 직장인으로, 일상의 업무에서 매우 신뢰할 수 있는 사람이다. 지금 아내는 남편이 머릿속 범죄를 실행에 옮길지도 모른다는 두려움을 느끼고 있다. 남편은 지금껏 그런 생각은 하지도 않았는데 말이다. 한편으로 아내는 자신도 그의 이야기를 듣는 것을 진심으로 즐긴다는 사실을 인정할 수밖에 없었다. 그리고 남편은 아내가 자신의 말을 그토록 열심히 들어줄 때 훨씬 더 상상력이 풍부해진다는 것을 깨닫는다. 가끔 아내는 그에게 범죄소설을 써보는 게 어떠냐고 묻기도 하지만, 대부분은 그의 상상력이 역겹고 유치한 어린아이 수준이라며 비난한다. 그러면서 다른 상상을 만들어내야 한다고 말한다. 남편은 이런 말을 듣고—혹은 그저 듣는 척만 하고—

개선하겠다고 약속하면서 다른 '범죄 이야기'를 들려준다. 그러면 또 아내는 흥미롭게 들으며 예리한 질문을 한다.

두 사람은 공동의 그림자를 가지고 있는 듯 보인다. 아내가 그림자를 위임하고, 남편은 아내의 도움을 받아 상상 속에서 그것을 구체화한다. 이 공동의 그림자는 강력하고, 무자비하고, 거리낌 없이 이익을 추구하고, 다른 사람보다 더 지적이고, 교활한 모습이다. 그러나 이 부부는 모두를 위한 연대와 평등 같은 가치를 의식적으로 대변한다. 그들은 은행이 소위 제3세계의 가난한 사람들에게 돈을 훔친다는 이유로 은행을 싫어한다.

우리는 이 그림자가 위임되었다고 가정하기 전에, 이 그림자 현상이 다른 사람에게도 나타나는지 살펴봐야 한다. 남편은 직장 동료들에게도 자신의 상상에 대해 가끔 이야기하지만, 실제로 아내와 이야기 나눌 때만 그렇게 흥분한다고 한다. 재밌을 수는 있지만, 그다지 생산적이지는 않은 일이다. 둘이 이 게임을 20년 동안 해왔다면 범죄소설을 쓸 때가 된 것이다. 아니면―이편이 더 좋을 거라고 생각하지만―부부는 그림자의 모습을 인식하고 삶에서 조금 더 활력을 갖고 자유분방해지기로 결심해야 한다. 늘 완벽히 이타적으로 행동하다가 다른 사람들은 그렇지 않다고 짜증 내는 일은 없어야 하는 것이다. 사실 부부는 상상 속에서 모습을 가리고 드러내는 그림자에 책임을 져야 한다. 물론 두 사람 다 말이다.

'단독' 그림자보다 중요한 '공동의' 그림자
\

너무나 사랑스럽고 예의 바른 아이들이라 할지라도 모여 있으면 갑자기 갖가지 일이 벌어진다. 무엇보다도 불가능한 일을 벌이다가 갑자기 지옥문이 열리는 것이다. 이런 현상은 젊은 세대에게서 더 뚜렷하게 관찰된다. 그림자 속에서 집단 영웅주의가 활개를 치고, 초자아는 그것에 맞설 가능성이 거의 없다. 어린이와 청소년은 나중에 크면 과거에 저지른 일들을 부끄러워하고, 왜 그런 짓을 했는지 스스로도 설명할 수가 없다. 그저 당시에는 좋았다는 것만 알 뿐이다.

그들 사이에서 처음에는 매우 즐겁게 느껴지는 그림자 전염이 일어난다. 하지만 그 그림자 자체는 역동성을 띠게 된다. 그 시기에는 일시적으로 그림자 속에서 사는 것이 이상적인 일이다. 다른 사람들은 두려워하지만 자신들은 엄청나게 강하고 용감하다. 하지만 각자는 단지 집단의 일원일 뿐이고,

아무도 수상한 행동에 책임을 지지 않는다. 이런 현상은 부부 사이에서도 관찰할 수 있다.

> 30대 부부가 상담을 받으러 왔다. 그들은 서로 용납할 수 없는 행동을 하도록 부추기곤 했고 이에 어떻게 대처해야 할지 알고 싶어 했다. "우리는 각자 혼자 있을 때는 그다지 어두운 행동을 드러내지 않아요. 소심하고, 기분을 상하게 하지 않으려고 노력하며, 전적으로 옳지 않은 행동의 결과를 미리 상상하곤 하지요. 하지만 함께 있을 때는 매우 어두운 행동을 해요." 그들은 어두운 행동이 무엇이라고 생각하느냐는 질문에 한목소리로 거짓말이라고 대답했다. 그들은 개별적으로 행동할 때는 거짓말을 거의 혹은 전혀 하지 않는다고 했다. 하지만 함께 있으면 거짓말이 시작되었다. 그들은 서로에게 거짓말을 하고, 다른 사람들에게도 거짓말을 했다. 그들은 다른 사람에 대해 나쁘게 말하는 그림자 행동을 하지만, 다른 사람들이 그렇게 하면 강하게 비난한다. 다른 사람들과 있을 때는 그러지 않는다. 둘이 함께 있을 때만 그럴 뿐이다. 그러다가 그들은 가끔 같이 나가서 가게에서 뭔가를 훔치기도 한다는 사실과, 그것도 자신들의 자아상과 전혀 맞지 않는다는 사실을 기억해냈다.

이들이 가진 공동의 그림자는 주목할 만하다. 이 부부의 행동을 어떻게 이해할 수 있을까? 두 사람 모두 높은 이상을 가지고 있었다. 각자는 자신의 그림자를 통제하고, 계속해서 그림자를 억압할 수 있는 듯하다. 그러나 두 사람이 함께 있으면 더 이상 억압이 불가능하다. 우리는 혼자일 때보다 누군가와 함께일 때 더 유능하고 창의적이며, 강하고 용감하고 즐거울 수 있다는 것을 알고 있다. 그리고 혼자일 때보다 함께일 때가 더 많다(때로는 아닐 수도 있지만). 누군가와 함께할 때 덜 창의적이고, 덜 쾌활할 수도 있다. 하지만 이때도 동일하게 강화 효과가 나타난다. 덜 바람직한 특성이 함께 나타나면, 그림자 행동도 두 배로 나타날 가능성이 높다. 억압된 것이 두 사람 모두에게서 임계점에 도달하여 명확해지고, 환상에서 행동으로의 돌파구가 생길 수 있다.

그림자 행동에 대한 평가는 다양할 수 있다. 두 사람이 자신의 가치를 위해 거짓말을 하고 싶은 욕망이 있다면 그 그림자 행동이 그렇게 나쁠 리는 없다! 그럼으로써 인간의 공존을 가능하게 하는 규칙은 효력을 잃는다. 그 욕망은 남아 있는 작은 초자아보다 훨씬 더 거대하다. 이런 역학은 집단에서도 볼 수 있다. 왜냐하면 집단에서는 '하나'가 책임을 떠맡는 원칙이 있기 때문이다. 그리고 '하나'는 우리가 알다시피 '아무도' 아니다.

이 부부에게 그들의 그림자 행동은 진짜 현실적인 문제다. 그들은 도둑질을 하다 들킬까 봐 두려워하고 부끄러워한다. 나는 놀라웠다. 만약 두 사람이 서로를 자극해서 그런 용납할 수 없는 행동을 하게 한다면, 또 그런 끔찍한 성향을 부추긴다면, 왜 그들은 헤어지지 않는 걸까?

그건 강한 저항일 수 있다. 그들은 지금까지 누구와도 사랑해본 적이 없는 방식으로 서로를 사랑하고, 이전보다 더 많은 선택권을 가지며 함께 완전히 새로운 삶을 살고 있다. 그들은 그저 그림자 속에서만 살아가는 것이 아니다. 그들은 자신들을 훌륭한 팀이라고 생각한다. 그러므로 사랑을 고려한다면, 우리는 아니마와 아니무스의 결합[2]이 있을지도 모른다고 생각해야 한다. 사람들 사이에 사랑이 생기면, 그 만남을 통해 아니마와 아니무스의 이미지가 되살아난다고 가정할 수 있다. 이런 활동은 상대를 통해 다른 사람, 더 자유로운 사람이 되고, 자신과 더 평화롭게 지내며, 혼자일 때보다 삶에서 더 많은 가능성을 갖게 된다는 느낌을 준다. 우리가 인생의 이런 단계에서 꾸는 꿈이나 부부가 서로에게 품고 있는 관계의 환상을 살펴보면, 아니마와 아니무스의 어떤 부분이 관계를 통해 활력을 얻는지 분명해진다.

이 가설이 이 부부에게 적용된다면, 관계를 통해 활성화된 깊은 내면의 삶과 관계의 다양한 가능성 역시 그림자의 영향을 받는다는 소리다. 만약 우리가 다양한 그림자 특성의 공통된 원형 분모를 찾으려고 한다면, 그것은 헤르메스의 특성이 될 수 있다. 헤르메스는 그리스 신화에 나오는 상인, 지식인, 도둑, 방랑자의 신이다. 이 세상과 저 세상을 연결하는 신이자 창조를 관장하는 신이기도 하다. 그는 항상 새로운 방법을 찾아내기 때문에, 전반적으로 뭔가를 찾아내는 일을 아우른다. 출발, 새로운 길 찾기, 창의성 발휘, 변화의 허용, 이것이 헤르메스와 관련된 주제다. 그러나 이 부부의 경우에 헤르메스는 그림자 속에서만 보인다. 둘 다 헤르메스의 특성과 연관된 그림자를 대부분 억압한다. 이것들이 활성화되면, 해당 그림자 측면도 활성화된다. 부부가 모두 같은 특성을 억압했기 때문에 두 사람이 함께 있을 때 그 특성이 응축된다.

나는 부부에게 헤르메스의 특성을 설명하려고 했고, 두 사람은 그 특성을 자신들의 의식적인 삶과 대조해보았다. 그 삶은 안정된 삶, 위험이 없는 삶이었다. 오직 그림자만이 위험과 활력을 가져왔다.

그 후 우리는 그림자 측면에 대해 더 자세히 살펴보았는데, 특히 그들이 더 이상 '우리의 그림자'가 아닌 '나의 그림자'라고 말함으로써 그림자에 책임감을 갖도록 하는 게 중요했다. 그 그림자는 두 사람이 함께 있을 때만 활성화되기는 하지만, 그들 각자가 자신의 역할을 다하고 그 역할에 책임감 있게 대처해야 하는 것은 여전히 분명하기 때문이다.

이상적인 관계의 그림자
\

이상은 그림자를 사라지게 한다고 여겨지지만, 언제나 그림자를 만들어낸다. 이상적인 관계의 그림자도 관계를 위협하기 때문에 두려움을 준다.

만약 관계의 원형이 관계 속에서 무의식적으로 연결된다면, 상대는 자신의 반쪽을 찾았다는 느낌을 갖게 된다. 그들은 사랑과 행복을 느끼고, 어쩌면 초월적인 뭔가를 느끼기도 한다. 신화 속의 다양한 아니마와 아니무스의 결합은 신성한 결혼식을 올리는 커플로 그려지며, 이 커플은 인간 커플에게도 적용될 수 있는 특정한 관계적 이상에 대응한다.

관계를 추구하는 커플의 한 예도 신화에 나오는 시바와 샤크티[3]를 들어보겠다. 시바와 샤크티는 영원히 서로를 끌어안는다. 그들은 서로에게 전부이고, 서로에게 만족하며, 아무도 이 관계를 깨뜨릴 수 없다. 부부가 항상 친밀하게 지내기를 원하는 관계적 이상의 그림자는 물론 이별이다. 이별이라는 분리는 두려운 것이다. 이 이상에 따라 사는 부부는―대개 무의식적으로―두 사람 중 한 명이 자율성에 대한 환상을 갖거나, 개인적으로 어떤 일을 하고 싶어 하거나, 가끔은 자녀를 갖고 싶어 하는 마음을 표현할 때 저항과 두려움을 느낀다. 그림자는 커플의 환상과 실제 관계에 위험할 수 있지만, 허용된다면 새로운 환상을 만들어내고, 커플이 커플로서 더욱 발전할 수 있게 해준다.

또 다른 예로 피그말리온[4]이 있다. 피그말리온에게는 어떤 여자도 충분하지 않다. 그래서 그는 상아로 여자를 조각했고, 그 조각상을 너무 좋아하게 되어 열렬한 사랑에 빠진다. 마침내 사랑의 여신 베누스가 이 인물에 생명을 불어넣는다. 우리에게 적용하면, 상대가 예술 작품으로 변하는 이상적인 관계일 것이다. 하지만 예술 작품이 될 사람이 자신의 모나고 날 선 면을 그대로 간직하고 있으면 어떨까? 아니면 갑자기 자신을 완전히 다른 종류의 예술 작품으로 바꾸고 싶어한다면? 이 이상적인 관계에서는 상대가 자신을 디자인하는 것이 그림자가 된다.

하지만 그리스의 '싸움꾼 커플'인 제우스와 헤라[5]의 경우는 전혀 다르다. 그들은 싸움을 통해 최적의 거리에서 최적의 친밀함을 만들어낸다. 싸울 때는 언제나 서로 매우 가까이 있지만 여전히 분리되어 있다. 이때는 논쟁과 갈등을 통한 친밀함이 관계의 이상이라면, 화합에 대한 열망이 그림자다.

한편 수메르 신화 속 인안나와 두무지[6]에게 이상적인 것은 최고로 성적이고 에로틱한 황홀경을 일시적으로 누리는 것이다. 그러면 이 관계의 그림자는 영원한 헌신이 될 것이다.

물론 더 다양한 사례가 있겠지만 이런 기본적인 유형들을 살펴보면, 유형마다 매우 특정한 그림자가 있으며, 가능하다면 피하고 싶고 두려워하는 측면이 있다는 게 명확하게 드러난다. 그림자를 의식하게 되면 커플은 일시적으로 이상적인 관계에서 벗어나게 되지만, 그 후에 보통 새로운 관계에 대한 환상을 다시 갖는다. 그 환상은 다소 덜 이상적일 수 있어도 대체로 더 활기차다.

관계 속의 그림자를 다루는 것은 자신의 그림자를 다루는 것보다 더 어렵다. 한쪽만의 탓으로 돌리는 것도 부당하다. 두 사람이 함께할 때 창의적이라면, "당신은 참 창의적이에요"라고 말하지 않고, 함께라면 더 창의적일 수 있다고 기꺼이 서로에게 말할 것이다. 따라서 우리는 서로에게 그림자가 될 수 있으며 그럼에도 불구하고 우리 자신의 그림자를 책임질 수 있다고도 말할 수 있다.

만약 관계의 그림자가 두 사람 중 한 사람에게 투사되면, 관계 내에 적대적인 이미지가 생겨난다. 누군가가 악당이나 악마가 되어, 진정으로 만족스러운 관계를 맺는 것을 방해하는 것이다. 이로 인해 그림자 진단이 고착화되고, 상대의 자존감을 지지하는 대신 무너뜨리게 된다. 결과적으로 둘은 서로에게 파괴적인 영향을 미칠 것이다.

가족의 그림자
\

가족의 그림자는 종종 가족의 비밀이라는 형태로 다가온다. 가족들은 모두 대략 알고 있지만, 실제로 가족의 비밀을 아는 것은 누구에게도 허용되지 않으며, 특히 외부인은 알 수 없다. 일반적으로는 실수, 돈, 성, 근친상간, 사기 등이 여기에 포함된다. 근친상간의 경우처럼 중대한 그림자라면, 이 그림자는 분리된다. 그러나 그럼으로써 가족 구성원들의 정체성이 그림자에 가려지고, 그 정체성을 진정으로 알아가는 것이 어려워진다. 늘 명명할 수 없는 모순되는 무언가가 존재하기 때문이다. 그림자를 바라보고, 수용하고, 책임지는 것은 자신과 더 조화를 이루는 일이기도 하다. 가족 문제를 다루는 치료사들은 가족의 비밀을 밝히는 것이 얼마나 중요한지를 반복해서 지적한다.

애착이론가인 로테 쾰러Lotte Köhler는 홀로코스트 피해자 2세대의 경우 가족 구성원들이 가족 내부에 매우 나쁜 일이 숨겨져 있다는 생각을 갖는 경우가 많다는 사실을 발견했다.[7] 그들은 부모로부터 분리된 트라우마를 그림자처럼 느낀다. 그리고 이 그림자가 때때로 자리 잡기도 한다. 로테 쾰러는 자식의 얼굴을 바라보며 강제수용소에서 지냈던 시간을 떠올리는 어머니의 이야기를 언급한다. 아이는 엄마의 표정에 나타나는 공포를 보고 뭔가 끔찍한 일이 일어났다고 생각한다. 끔찍한 일이 일어나면 아이들은 애착 행동을 보인다. 즉 엄마와 가까워지려고 노력한다. 하지만 엄마는 지금 당장은 친밀감을 줄 수 없다. 왜냐하면 아이 앞에서 끔찍한 기억에 시달리기 때문이다. 이런 상황은 결국 아이에게 '상상할 수 없는 공포'를 불러일으킨다.

쾰러가 강의에서 묘사한 장면은 인상적이다. 아이는 무슨 일이 일어나고 있는지 상상할 수 없고, 공포를 느끼지만 위로받지 못하며, 이로 인해 새로운 공포가 생긴다. 쾰러가 관찰한 바에 따르면, 아이들은 학대가 일어났을 때와 매우 유사한 반응을 보였다. 학대 같은 일은 일어나지 않았는데 말이다. 그것은 오히려 부모 세대의 분리된 트라우마와 관련이 있다.

가족의 그림자에 관한 일상적인 예도 있다.

이 부모는 자기 자식들이 그토록 힘들게 지낸다는 사실에 놀란다. 그들에게는 네 명의 자녀가 있다. 큰아들은 알코올중독자이고, 둘째 아들은 일중독자다. 사실 둘째 아들은 '성공한 사람'으로 여겨지는데, 성공한 사람은 '잘 자란 사람'을 뜻한다. 하지만 그는 너무 많이 일해서 다른 사람과 관계를 맺을 시간이 없고, 점점 더 말라간다. 그는 행복한 사람이 아니라 지나친 일중독자일 뿐이다. 셋째인 딸은 부모 마음에 들지 않는 종교 공동체에 속해 있으며, 막내아들은 심각한 우울증을 앓고 있다. 부모는 그 이유를 설명할 수 없다. "우리는 정말 훌륭하고 긍정적인 가족이에요!" 특히 그들은 우울증을 이해하지 못한다. "우리는 스스로 낙담하지 않도록 가르쳤어요." 아이들이 그것을 어떻게 배웠는지 묻자 그들은 서로 다른 방법을 사용했다고 대답한다. 기분이 좋지 않을 때는 그저 길게 큰 소리로 말하면 되었다. 그러면 활력이 넘친다는 것이다. 이 방법이 도움이 되지 않는다면, 충분히 오랫동안 하지 않았거나 충분히 잘하지 못한 것이다. 또 자극을 주는 친구가 필요하며, 풀 죽은 친구는 필요 없다. 이 가족과 비슷한 예는 많다.

기분이 좋지 않을 때 낙담하는 것이 왜 그렇게 나쁜 일인지, 왜 우리를 격려하며 자극을 주는 친구만 받아들여야 하는지 의문이 생긴다. 아마도 부모는 다소 우울증을 앓았고 그 우울증을 조울증적인 방식으로 극복해왔을 것이다. 끊임없는 몰두, 장시간 큰 소리로 말하기, 지속적인 자극 추구는 우울증에 대한 방어 수단이 될 수 있다. 우울증이 어떤 대가를 치르더라도 피해야 하는 것이라면, 우울증은 그림자가 될 뿐이다. 하지만 우울증을 앓는 사람이 긴장을 풀 시간을 갖는다면, 삶에서 무엇이 잘못되었는지, 무엇을 해결해야 하는지 알게 될 것이다. 이 부모는 바로 이런 일을 피하고 싶어 했다.

이 사례에서 자식들은 각자의 방식으로 그림자를 처리한다. 장남의 알코올중독은 자신의 우울증을 달래려는 시도로 이해할 수 있다. 둘째의 일중독은 부모의 전철을 밟으며 과잉 행동을 통해 우울증을 예방하는 것이다. 셋째가 종교 공동체에 들어간 것은 자기 삶에 의미와 구조를 부여하려는 시도다. 우울증을 겪는 막내만이 가족의 그림자에 직접적으로 다가간다. 하지만 부모는 자녀들의 행동을 이해하지 못한다. 왜냐하면 그들 스스로가 우울한 성향을 억제하는 데 성공했기 때문이다.

물론 훨씬 더 일상적인 가족의 그림자도 있다.

책임감 있고, 열심히 일하고, 사회적으로나 정치적으로 활동적인 가족을 생각해보자. '의무가 우선이다' 같은 구호는 가장 자주 듣는 가족의 구호 중 하나다. 그러나 이에 대한 윤리적 고려가 제기되기도 한다. 이 가족에게는 욕구, 존재의 기쁨, 즐거움이 그림자에 가려져 있다. 이 가족은 관용적이지만, 삶에서 즐거움을 추구하는 것을 부정적으로 여긴다. 쾌락주의는 타락의 표시다. 개인의 행복은 쾌락 추구에 있지 않고, 전체를 위해 일하고 행동하는 데 있는 것이다. 물론 의무와 즐거움을 동시에 누리는 것도 가능하다. 둘은 나란히 존재할 수 있다.

이 성실한 가정에는 12세에서 19세 사이의 청소년 자녀들이 있다. 이기 언급한 것처럼 청소년기에 부모와 분리되는 일은 특히 자녀가 부모의 그림자 속에서 살기 때문에 발생한다. 이런 아이들은 부모를 무력하게 만드는 선고를 한다. "나 지금 그럴 기분 아닌데." 아니면 뭔가를 하고 싶기는 하지만 부모가 원하는 것은 아닐 수도 있다. 부모는 항상 쾌락의 원칙에 따라 살 수는 없고 때로는 반드시 이행해야 할 의무가 있다는 것을 친절하게 알려준다. 아이들은 고개를 끄덕이면서도 정중하게 요구를 거부하며, 지금은 그럴 기분이 아니라고 말한다. 그리고 자신들은 쾌락의 원칙에 따라 행동하면서 부모는 의무의 원칙에 따라 살 자유가 있다고 한다. 이로 인해 가족 간에 긴장이 심해지고, 부모의 압박감이 커진다. 부모는 스스로를 불쌍히 여긴다. 자신은 아이들에게 많은 노력을 기울였는데, 지금 아이들은 쾌락의 원칙에 완전히 몰두하니까 말이다! 부모도 쾌락의 원칙에 따라 살았다면 상황은 달라졌을 것이다.

아이들이 부모의 그림자 속에서 살아가면서 자신을 분리한다는 사실은 매우 불안한 일이다. 부모들은 지금까지 그림자를 성공적으로 억압해왔기 때문이다. 하지만 사실 그들은 아이들에게 매우 감사해야 한다. 부모의 그림자를 통해 더 발전할 수 있는 방법을 아이들이 보여주기 때문이다.[8] 자신의 그림자를 그토록 생생하게 보여주는 사람이 또 누가 있겠는가. 우리가 아이들에게 가장 짜증 나는 점도 바로 아이들이 우리 자신의 어두운 잠재력을 지적한다는 것이다.

10

아이들이 겪는 그림자

아이들이 부모의 그림자 속에서 살아간다는 사실을 어떻게 설명할 수 있을까? 아이들은 처음에는 가족 내에서 경험한 대로 세상을 보고, 어릴수록 부모와 동일시한다. 성장하면서 동일시는 점점 약해지고 청소년기에는 거의 없어진다. 이 시기에 성숙의 측면에서 매우 중요한 것이 시작된다. 즉 자기 반성과 자기 의심이다. 이로 인해 아이들은 자기 자신에 대해 의문을 갖게 되지만, 부모와 부모와의 동일시에 대해서도 의문을 갖는다. 자신이 반드시 부모와 같지 않다는 것을 깨닫는 것이다. 익숙한 것은 철저히 거부되고, 그 공백은 새로운 삶의 형태, 집단, 성에 대한 관심으로 채워진다.

자기 성찰에는 가족에 대한 성찰도 포함되는데, 그 핵심은 바로 이런 비난이다. "엄마 아빠는 늘 말과 행동이 전혀 달라! 엄마 아빠는 정직하지 않아!" 그리고 그 그림자는 이름이 붙고 매우 자주 나타난다. 이런 과정을 통해 아이들은 자기 삶을 살아가게 된다. 이 시기에 그림자는 낯선 것으로 경험된다. 그래서 그림자와 함께 낯설고 이상한 일들이 많이 일어나고 자기 의심이 더욱 커진다. 하지만 아이들이 전체 세대의 그림자 속에서 집단으로 산다면, 그것은 그들에게 매우 즐거운 일이다.

부모의 그림자 속에서 사는 것은 파괴적이다. 기성 부모의 억압적인 문화를 무너뜨리고 혼란스럽게 하기 때문이다. 그림자에 숨겨진 가치는 항상 현재 유효한 가치를 위협한다. 두려움을 촉발함으로써 배제되었던 것이 억압에서 벗어난다. 실제 가치가 의문시되는 것이다. 어린 자녀는 부모의 가치관을 공유하고 승인하는 한편, 커가면서 부모의 가치관에 의문을 제기한다. 절대적이고 거의 피할 수 없는 그림자와의 대결이다. 따라서 이를 수용하면서 아이들을 단순히 비난하고 희생양으로 만들지 않는다면 오래된 투사 메커니즘을 유지할 수 있다. 부모에게는 더욱 진정성 있고 정직하게 자녀를 대해야 하는 힘든 과제가 주어진다.

청소년들은 부모와 가족의 그림자 속에서 살아간다. 그리고 집단에서도 자신이 속한 사회의 그림자 속에서 살아간다. 1980년대에 '취리히 폭동'이 일어났을 때 젊은 세대는 자신들을 '아이스브레이커'라고 불렀다. 그들은 따뜻함, 부드러움, 친밀감이 사회의 그림자 속에 있다고 주장하며 그 얼어붙은 상황을 돌파하고 싶어 했다.

그러나 청소년기에는 그림자가 억압에서 벗어날 뿐 아니라, 집단적 압력으로 이해되는 새로운 페르소나의 압력도 발생한다. 가족과의 이별, 자기 의심, 정체성의 불확실성은 새로운 안정감을 추구하도록 하며, 이는 종종 또래 집단, 특히 남자 청소년들에게서 많이 나타난다. 여자아이들은 그보다는 소수의 친구들과 어울리는 경향이 있다. 집단에서 지지되는 가치들은 옷차림, 헤어스타일 같은 전반적인 청소년 문화를 통해 기존 가치들의 그림자를 뚜렷이 드러낼 수 있다. 이렇게 생생한 그림자적 표현은 몸에 딱 붙는 옷에 대한 반응으로 헐렁한 바지를 입는 것처럼 필수적인 페르소나가 된다. '그렇게' 되어야 하고, '그렇게' 옷을 입어야 한다. 그렇지 않으면 '내부'에 속하지 못한다. 소속될 것인가 소속되지 않을 것인가, '안에' 있을 것인가 '밖에' 있을 것인가, 이것이 여기서 중요한 문제다. 부모와 사회의 그림자가 겹치면서 페르소나가 나타나고, 새로운 페르소나의 압력이 발생하면서 새로운 그림자가 형성된다.

우리는 특히 젊은 여성들에게서 '대규모 집단의 압력'을 분명히 본다. 그들은 '여성성의 압박'을 경험한다. 오늘날 우리 대부분은 "모든 여성은 독립적이고 자기결정권이 있다"라는 문장에 동의할 것이다. 하지만 여성 잡지에서는 특정 시점에 여성성의 압박이 무슨 의미인지 매우 명확하게 보여주고 있다. 예를 들어 여성이 화장을 하지 않는 것은 도발이다. 이는 여성다워야 한다는 압박이다. 특히 여자 청소년들은 오늘날 여성성이 어떻게 정의되는지에 따라 그렇게 되기 위해 많은 노력을 기울인다. 그 노력은 옷차림, 신체, 이성과의 관계 등에 반영된다. 젊은 여성들이 여성성의 압박에 의문을 제기하고, 그것을 따를지 여부와 어느 정도까지 따를지 결정할 수 있으려면 상당한 자신감을 가져야 한다. 여기에는 아마도 이미 반항적인 어머니의 영향이 있었을 것이다.[1]

11

그림자에
가려진 여성

사회에는 집단에 의해 드러나지 않아서 눈에 띄지 않지만, 반드시 드러내야 하는 그림자가 있다. 한 예로, 여성에게 중요한 많은 가치가 가려져 있으며, 이는 여성의 강점이 약점이 되는 것을 의미한다. 이제 우리는 관계를 맺고 유지하는 것이 여성에게 매우 중요하다는 것을 알고 있다.[1] 여성들이 지원을 주고받을 수 있는 관계 네트워크에 속해 있는 경우 자존감이 훨씬 더 높고, 불안과 위기에 더 잘 대처하며, 우울증에 걸릴 확률이 낮다는 사실을 보여주는 연구 결과도 있다.[2]

하지만 이런 사실에 대해 어떻게 이야기할 수 있을까? 여성은 항상 관계에 크게 의존하며, 조화롭게 관계를 유지하고, 친구들과 항상 행복하게 지내며, 관계를 돌보는 데 엄청난 시간을 들인다. 여성들이 대화를 원활하게 하고, 대화를 통해 문제를 명확히 하고 해결책을 찾을 수 있다는 것은 잘 알려진 사실이다. 함께 이야기하는 것은 진정으로 새로운 것이 탄생할 수 있는 창의적인 과정이다. 여성들 사이에서 이루어지는 긴 대화 시간은 종종 '커피 타임'이라고 불린다. 남자들 사이에서는 '커피 타임'이라는 것이 없고, 의아하지만 '맥주 타임'도 없다.

통계적으로 보면, 여성은 남성보다 감정과 감정 표현에 더 민감하다. 이는 감상주의, 지나친 감정 표현, 심지어 히스테리로 여겨진다. 여성의 신체에 대한 애착은 자기애로, 자연을 가까이하고 싶은 마음은 감상적인 낭만주의로, 지성은 파란 스타킹(사교계에서 지적 활동에 관심을 보인 여성을 조롱하는 의미로 쓰인 말이다. 이후에는 여성 참정권을 주장하는 여성을 가리키는 말로, 적극적으로 사회 관습에 저항한 지적 여성을 폄하거나 조롱하는 의미가 담겨 있다―옮긴이)이거나 단순히 남성적인 것으로, 영성은 이상화된 신비주의로 치부된다.

이런 평가절하하는 언어들을 통해 어떤 가치들은 가치 없는 것으로 여겨지고 무시된다. 강점을 강점으로 보지 않고 약점으로 여기며 얕잡아 보고 웃음거리로 만드는 것이다. 문제는 여성들이 이를 알아차리지도 못하는 경우가 많고, 여성들도 이런 언어 사용에 가담한다는 것이다. 하지만 이렇게 되면 자신이 '그림자 속의 성'에 속한다는 사실을 받아들이는 것이다. 지크프리트 피어치히는 이에 대해 이렇게 언급했다. "여성 혐오, 성적 적대감, 비대한 남성성 의식은 수 세기 동안 악의 투사를 위한 동기가 되어왔다."[3]

그러므로 이런 그림자화는 매우 심각하게 받아들여야 한다. 여성이 그림자 속의 성에 속하는 데 동의하면 자존감이 약해진다. 자신이 여성이라는 사실이 부끄러울 정도다. 그림자에 본질적이고 중요한 측면이 있다는 이론이 맞고 그 측면이 실제로 간과된다면, 우리는 왜 여성이 그림자의 폭발적인 힘을 사용할 수 없는지 물어야 한다. 그들은 왜 그림자 속에 숨겨진 힘을 활성화하는 데 그토록 실패하는 걸까? 너무 많은 것이 오랫동안 그림자 속에 숨어 있었기 때문에 어느 정도라도 그림자를 수용한다면 대단한 부흥이 일어날 것이다.

여성이 이런 수동성을 보이는 데는 여러 이유가 있다. 자존감이 낮은 사람은 자신을 공격자와 쉽게 동일시하는데, 이 경우에는 지배적인 '남성'의 의견을 갖게 된다. 실제로 누가 그것을 지지하는지 알 수 없다. 공격자와의 동일시를 통해 여성은 자신을 숨기고 자신의 가치를 부정한다.[4]

여전히 소위 파생된 정체성을 가진 여성들이 있다. 그들은 아버지, 친구, 배우자가 자신의 정체성을 규정하도록 내버려둔다. 그 사람들이 원하는 대로 존재하고, 본래의 자신이 아닌 존재가 된다는 뜻이다. 이는 자신이 사랑받을 가능성을 높이기 위한 것이다. 여성들은 관계가 매우 중요하기 때문에 빨리 화해하고 현실을 받아들이는데, 달리 변화의 여지가 없기 때문이기도 하다. 그들은 모든 것이 달라질 수 있다는 사실과, '그것은 불가능하다'는 말이 성공적인 삶을 방해한다는 사실을 배우지 못했다.[5] 이로 인해 그들의 장점인 관계 맺는 능력이 큰 약점으로 바뀌었다.

여전히 남성이 주도하는 사회에서 그 잠재력이 실제로 효과를 발휘하려면 남성들의 영역, 경제나 과학 등의 분야에서 이런 그림자 특성이 배제된 것을 안타까워해야 한다.

마무리하며

그림자는 단지 개인의 그림자만 일컫는 것이 아니므로, 단순히 개인의 문제만은 아니다. 그림자는 개인적이든 집단적이든 우리가 사는 모든 관계에 존재한다. 하지만 그것이 우리 삶과 관계에 어떤 영향을 미치는지에 대해서는 우리가 책임을 져야 한다. 우리는 모든 그림자에 끊임없이 몰두하는 것이 아니라, 그림자가 자리 잡을 때, 방해할 때, 사라질 때, 혹은 우리가 돌이킬 수 없는 투사를 해서 세상이 끔찍해질 정도로 큰 고통을 겪을 때만 그림자에 신경 쓸 것이다. 그럴 때는 그림자 수용이 필요하다.

그림자 수용은 개인적인 차원에서 자신을 알게 하고 평화를 가져다준다. 나는 그림자 수용을 통해 내 한계를 받아들이고 내가 항상 놀라움을 선사할 수 있다는 걸 알게 된다. 그것이 불쾌한 놀라움일지라도 말이다. 내 한계를 받아들인다고 해서, 한계를 넘지 않는다거나 때로는 책임감 있게 한계를 넘어야 한다는 뜻은 아니다. 심리학적으로 말하면, 그림자 수용은 더 큰 진실성과 신뢰성, 그리고 우리 자신의 책임에 대해 다른 사람을 비난하지 않는 것과 관련이 있다.

우리가 사회화 과정에서 그림자 측면을 다루고, 그것을 의미 있게 바라보고 공개적으로 이야기하는 법을 배운 다음, 그림자에 대처하는 새로운 전략을 습득한다면 그림자 수용은 더 쉬울 것이다.[1] 그림자가 드러날 것을 너무 두려워하여 자살하는 경우도 있지만,[2] 반면에 그림자로 죽을 만큼 두렵지 않을 수도 있다. 그림자 수용은 삶에 대한 두려움을 줄여주고, 자신과 타인에 대해 더 현실적인 시각을 갖게 하며, 자기도취에 덜 빠지고 더 평범해지게 해준다. 이는 안도감을 준다. 그림자 수용은 우리가 변한다는 사실, 즉 우리 자신의 모습이 끊임없이 변한다는 사실을 받아들이는 것을 의미하며, 특히 삶에서 더 깊은 가능성을 향해 나아가는 것이다.

하지만 그림자를 수용하면 더 큰 책임을 안게 된다. 우리는 더 이상 단순히 '악'이나 악한 자들을 비난할 수 없다. 우리는 스스로 어떤 지점에서 파괴적으로 행동하고 생각하는지, 그리고 그 행동과 생각을 어떻게 처리하는지 늘 자문해야 한다. 물론 우리가 투사하지 않아도 다른 사람들이 파괴적인 방식으로 우리에게 다가올 수도 있고, 우리는 이에 맞서 적극적으로 자신을 방어할 것이다. 하지만 스스로 파괴적인 행동을 하게 되면, 가능한 한 그 상황을 바로잡아야 한다.

우리가 그림자를 수용할 때 관계 속의 갈등은 더 분명해지지만, 동시에 관계가 풍요로워지고 갈등을 건설적으로 발전시킬 기회가 생긴다.[3]

사회적 관점에서 볼 때 그림자는 이상과 가치의 변화와 관련이 있다. 배제된 것들은 특히 젊은 세대에 의해 반복적으로 드러나 익숙한 것들을 바꿔놓는다. 사회가 그림자를 외부인과 낯선 사람에게 투사하면, 그 그림자는 변화하지 않고 오히려 적대적인 이미지가 형성되며 아무것도 변하지 않는다고 비난하는 적들이 생겨난다. 우리는 시대의 그림자를 지적해주는 젊은이들에게 감사해야 하며, 우리의 그림자를 다룰 때도 책임감 있게 다루어야 하고 그럴 수 있음을 보여줘야 한다. 자신에게 그림자를 허용하지 않는 것은 위험하고, 자신에게 모든 그림자를 허용하는 것 역시 위험하다.

그림자, 그림자에 대한 민감성, 그림자 수용이라는 개념이 심층심리학자뿐 아니라 모든 사람에게 알려지고 이해되는 것이 근본적으로 중요하다. 이 개념들은 우리의 일상에 속하며 모두가 익숙해져야 할 사고방식이다. '그림자'라는 용어는 이미 잘 알려져 있고 널리 퍼져 있지만 과연 그 결과도 잘 알려져 있을까 싶다.

우리는 중세의 악마와 마녀를 투사하는 관습에 따라 칸트 뒤로 물러나서는 안 된다. 비록 우리에게 매우 성가신 존재이긴 하지만, 그림자 속에는 엄청난 잠재력이 숨겨져 있다. 칸트의 말을 조금 수정하자면, 그림자는 인간에게 잠재적 가능성으로 언제나 존재하며, 우리는 우리 개인의 그림자에 대해 돌이킬 수 없는 책임을 지고, 집단적 그림자에 대해서도, 더 나아가 우리 자신과 세상의 미래에 대해서도 책임을 지는 것이다.

주

융과 그림자 개념

1. Jung, C. G.: *Symbole der Wandlung*. Gesammelte Werke 5. (1부는 원래 1911년에 발간되었고, 2부는 1912년 *Jahrbuch für psychoanalytische und psychopathologische Forschungen* III와 IV에 발표되었다. 제목은 다음과 같다. *Wandlungen und Symbole der Libido. Beiträge zu einer Entwicklungsgeschichte des Denkens*.)
2. Jung, C. G.: *Die Probleme der modernen Psychotherapie*. In: GW 16, § 145.
3. 같은 책.

01 페르소나와 그림자 사이

1. Jacobi, Jolande: *Die Seelenmaske. Einblicke in die Psychologie des Alltags*. Walter, Olten / Freiburg im Breisgau 1971.
2. Jung, C. G.: *Über Wiedergeburt*. In: GW 9/I, § 221.
3. Sherman, Cindy / Dickhoff, Wilfried: *Cindy Sherman im Gespräch*

4 Jacoby, Mario: *Scham - Angst und Selbstwertgefühl. Ihre Bedeutung in der Psychotherapie*. Walter, Olten 1991.

5 Kast, Verena: *Freude, Inspiration, Hoffnung*. 6. Aufl. Patmos, Ostfildern 2013; *Vom Sinn der Angst. Wie Ängste sich festsetzen und wie sie sich verwandeln lassen*. 7판. (13. Gesamtaufl.) Herder Spektrum, Freiburg im Breisgau 2014; *Vom Sinn des Ärgers. Anreiz zur Selbstbehauptung und Selbstentfaltung*. Neuausgabe. Herder, Freiburg im Breisgau u. a. 2014 참조.

6 Kruse, Otto: *Emotionsentwicklung und Neurosenentstehung. Perspektiven einer klinischen Entwicklungspsychologie*. Enke, Stuttgart 1991, 148쪽 참조.

7 내 생각에는 페르소나가 사춘기가 되어야 생겨나기 시작한다는 욜란데 야코비의 가설은 근거가 빈약하다. Jacobi, Jolande: *Die Seelenmaske* 참조.

8 Kast, Verena: *Vater - Töchter, Mutter - Söhne. Wege zur eigenen Identität aus Vater - und Mutter - Konstellationen*. 4판. der Neuausgabe 2005. Herder, Freiburg im Breisgau 2012 참조.

9 Blomeyer, Rudolf: "Aspekte der Persona." In: *Analytische Psychologie* 5.1, 1974, 17쪽 이하 참조.

10 Jung, C. G.: *Psychologie der Übertragung*, In: GW, § 452.

02 우리 안의 그림자

1 그럼에도 융은 그림자가 같은 성별을 가진 사람에 의해 표현된다고 생각했다. 다른 성별의 특성은 아니마 혹은 아니무스라고 정의했다.

이 전제 때문에 융은 같은 성별의 사람이 보통의 그림자 특성을 가질 때 그것을 결과적으로 '긍정적 그림자'라고 정의하고—이 형태는 훌륭한 성품을 지녔다—그런 다음 그는 자기Selbst, Self에 대해 이야기했다. 그간 융의 이론에서 이 가설이 확립됐는데 남성과 여성 모두 아니마와 아니무스의 상징을 경험하게 되며 이것은 거대한 신비로움을 통해 원형적 상징이 된다. 단지 같은 성별의 사람들이 더 이상 자동적으로 그림자를 나타내는 것이 아닐 뿐 아니라 아니마나 아니무스의 형상 혹은 단순히 여성적, 남성적 인격 특성을 나타내는 것일 수도 있다. 그렇기에 우리는 '긍정적' 그림자라는 개념은 버리고 그림자를 우리가 받아들일 수 없거나 받아들이고 싶지 않은 것으로 정의할 수 있다. Kast, Verena: *Paare. Beziehungsphantasien. Wie Götter sich in Menschen spiegeln*. Kreuz, Stuttgart 1984, 157쪽 이하 참조.

2 Jung, C. G.: *Theoretische Überlegungen zum Wesen des Psychischen*. In: GW 8, §409 참조.

3 "개인의 무의식에는 잃어버린 기억, 억압된(의도적으로 잊힌) 수치스러운 생각 (…) 마지막으로 아직 의식에 포함되지 않은 내용들이 있다. 이는 꿈에 자주 등장하는 그림자의 모습과 일치한다." Jung, C. G.: *Über die Psychologie des Unbewußten*. In: GW 7, §103.

4 Kast, Verena: *Vom Sinn der Angst*, 57쪽 이하 참조.

5 Kast, Verena: *Abschied von der Opferrolle. Das eigene Leben leben*. Neuausgabe. Herder, Freiburg im Breisgau 2014 참조.

6 Rank, Otto: *Der Doppelgänger*. Turia+Kant, Wien 1993 (Nachdruck von 1925).

7 같은 책, 19쪽 각주 2.

8 Sigusch, Volkmar: "Metamorphosen von Leben und Tod." In: *Psyche* 51.9/10, 1997, 835쪽 이하 참조.

9 Jung, C. G.: *Die Psychologie der Übertragung*. In: GW 16, §499.

10   Habermas, Jürgen: *Vergangenheit als Zukunft*. Pendo, Zürich 1990.
11   Kast, Verena: *Vom Sinn des Ärgers*, 65쪽 이하 참조.
12   Kast, Verena: *Auf dem Weg zu sich selbst. Werden, wer ich wirklich sein kann*. Patmos, Ostfildern 2015 참조.
13   Jung, C. G.: *Der philosophische Baum*. In: GW 13, §481 참조.

03 세상 사람들의 페르소나와 그림자

1   Heidegger, Martin: *Sein und Zeit* (1927). Max Niemeyer, Tübingen 1963, §27.

04 이토록 낯선 그림자

1   Jung, C. G.: *Zur Psychologie der Trickster-Figur*. In: GW 9/1, §485 참조.
2   Jung, C. G.: *Über die Psychologie des Unbewußten*. In: GW 7, §103 참조.
3   Kristeva, Julia: *Fremde sind wir uns selbst*. 11판. Suhrkamp, Frankfurt am Main 2013.
4   Kast, Verena: *Vater-Töchter, Mutter-Söhne* 참조.
5   Freud, Sigmund: *Das Unheimliche* (1919). In: Studienausgabe 4. S. Fischer, Frankfurt am Main 1997, 243쪽 이하.
6   Strauch, Inge / Meier, Barbara: *Den Träumen auf der Spur*. Huber, Bern 1992.

05 집단적 그림자

1   Jung, C. G.: *Zur Empirie des Individuationsprozesses*. In: GW 9/I, § 567.

2   Jung, C. G.: *Aion. Beiträge zur Symbolik des Selbst*. In: GW 9/II, § 19.

3   Jung, C. G.: *Über die Psychologie des Unbewußten*. In: GW 7, § 152.

4   Kast, Verena: *Die Dynamik der Symbole. Grundlagen der Jungschen Psychotherapie*. 8판. Patmos, Ostfildern 2012, 114쪽 이하 참조.

5   Vierzig, Siegfried: *Das Böse*. Kohlhammer, Stuttgart u. a. 1984.

6   Kant, Immanuel, 같은 책, 38쪽 이하에서 인용.

7   Sölle, Dorothee, 같은 책, 47쪽 이하에서 인용.

8   Camus, Albert: *Die Pest*. 81판. Rowohlt, Reinbek bei Hamburg 2013.

9   Aeschbacher, Urs: C. G. Jung, das "Dritte Reich" und die Macht der Verdrängung. In: *Intra* 6.26, 1996, 32~41쪽.

10 Jung, C. G.: *Nach der Katastrophe*. In: GW 10, § 408.

11 Jung, C. G.: *Wotan*. In: GW 10, §§ 371~399.

12 Evers, Tilman: *Mythos und Emanzipation. Eine kritische Annäherung an C. G. Jung*. Junius, Hamburg 1987; Jacoby, Mario: "Antisemitismus – ein ewiges Schattenthema." In: *Analytische Psychologie* 23, 1992, 24~40쪽; Kirsch, James: "Jungs sogenannter Antisemitismus." In: *Analytische Psychologie* 16.1, 1985, 40~45쪽; Neumann, Micha: "Die Beziehung zwischen Erich Neumann und C. G. Jung und die Frage des Antisemitismus." In: *Analytische Psychologie* 23, 1992, 3~23쪽; Samuels, Andrew: *Politics and Psyche*. Routledge, London / New York 1993; Spillmann, Brigitte:

"Die Wirklichkeit des Schattens. Kritische Überlegungen zu C. G. Jungs Haltung während des Nationalsozialismus und zur Analytischen Psychologie." In: *Analytische Psychologie* 29.4, 1998, 272~295쪽 참조.

13　Jung, C. G.: *Aufsätze zur Zeitgeschichte* 후기. In: GW 10, §475.
14　Jung, C. G.: *Nach der Katastrophe*. In: GW 10, §408.
15　같은 책, §405 참조.
16　같은 책, §443.
17　Jung, C. G.: *Die transzendente Funktion*. In: GW 8, §§159 이하 참조.
18　Jung, C. G.: *Der Kampf mit dem Schatten*. In: GW 10, §§450 이하 참조.
19　Kast, Verena: *Die Dynamik der Symbole*, 108쪽 이하 참조.
20　Jung, C. G.: *Der Kampf mit dem Schatten*. In: GW 10, §450.
21　Neumann, Erich: *Tiefenpsychologie und neue Ethik* (1949). Kindler, München 1964, 9쪽 참조.
22　「로마서」7장 19절.
23　Neumann, Erich: *Tiefenpsychologie und neue Ethik*, 92쪽.
24　Jung, C. G. / Neumann, Erich: *Die Briefe. Die Briefe 1933–1959. Analytische Psychologie im Exil*. Herausgegeben von Martin Liebscher. Edition C. G. Jung im Patmos Verlag, Ostfildern 2015, 270쪽.
25　같은 책, 342쪽 이하.
26　같은 책, 342쪽 이하.
27　Jung, C. G.: *Erinnerungen, Träume, Gedanken*. Aufgezeichnet und herausgegeben von Aniela Jaffé. Rascher, Zürich 1962, 332쪽.
28　같은 책, 333쪽.
29　같은 책, 333쪽.

30 같은 책, 331쪽.
31 Kast, Verena: *Vater-Töchter, Mutter-Söhne* 참조.

06 그림자를 수용하기

1 Wolkenstein, Diane / Kramer, Samuel N.: *Inanna. Queen of Heaven and Earth*. Harper & Row, New York 1987; Meador, Betty De Shong: *Uncursing The Dark*. Chiron, Wilmette 1992 참조.
2 Kast, Verena: *Paare* 참조.
3 출처: Meador, Betty De Shong, *Uncursing the Dark*, Pia Heller 번역.
4 같은 책 참조.
5 Egner, Helga (Hg.): *Leidenschaft und Rituale. Was Leben gelingen läßt*. Walter, Zürich und Düsseldorf 1997 참조.
6 *Die Gänsemagd*. In: Brüder Grimm: *Kinder-und Hausmärchen*. 1권. Herausgegeben und mit Nachwort versehen von C. Helbling. Manesse, Zürich 1946, 583~592쪽. 이 동화에 대한 보다 자세하고 일반적인 해석은 다음을 참조. Kast, Verena: *Das Mädchen im Sternenkleid und andere Befreiungsgeschichten im Märchen*. Patmos, Ostfildern 2012, 11~47쪽.
7 Kast, Verena: *Vater-Töchter, Mutter-Söhne* 참조.
8 Schliephacke, Bruno P.: *Märchen. Seele und Sinnbild*. Aschendorff, Münster 1974 참조.
9 Kast, Verena: "Animus und Anima. Zwischen Ablösung von den Eltern und Spiritualität." In: Frick, Eckhard; Huber, Roland: *Die Weise von Liebe und Tod*. Vandenhoeck & Ruprecht, Göttingen / Zürich 1998, 64~79쪽 참조.

10 *Das Gilgamesch-Epos*. Albert Schott의 번역 및 해설. Wolfram von Soden 개정판. Reclam, Stuttgart 1997, 23쪽 이하.

08 그림자를 받아들이는 일은 왜 힘든가

1 Kast, Verena: *Über sich hinauswachsen. Neid und Eifersucht als Chancen für die persönliche Entwicklung*. Patmos, Ostfildern 2015 참조.
2 Kast, Verena: *Vom Sinn des Ärgers*, 110쪽 이하 참조.
3 Schlink, Bernhard: *Der Vorleser*. Diogenes, Zürich 1997.
4 같은 책, 127쪽.
5 Kast, Verena: *Vom Sinn der Angst*, 190쪽 이하 참조.

09 관계 속의 그림자

1 Kast, Verena: *Paare* 참조.
2 같은 책 참조.
3 같은 책, 23쪽 이하 참조.
4 같은 책, 53쪽 이하 참조.
5 같은 책, 85쪽 이하 참조.
6 같은 책, 69쪽 이하 참조.
7 Köhler, Lotte: "Zur Anwendung der Bindungstheorie in der psychoanalytischen Praxis." In: *Psyche* 52.4, 1998, 387쪽 이하.
8 Kast, Verena: *Loslassen und sich selber finden. Die Ablösung von den Kindern*. 4판. der Jubiläums-Ausg. (24. Gesamtaufl.) Herder, Freiburg im Breisgau 2015 참조.

10 아이들이 겪는 그림자

1 Jung, Maria Theresia: "Die Adoleszenz des Mädchens. Bestandsaufnahme und feministisch-psychologische Utopien." In: Egner, Helga (Hg.): *Lebensübergänge oder Der Aufenthalt im Werden*. Walter, Solothurn und Düsseldorf 1995, 33~55쪽 참조.

11 그림자에 가려진 여성

1 Gilligan, Carol: *Die andere Stimme. Lebenskonflikte und Moral der Frau*. Ungekürzte Taschenbuchausg. 5판. Piper, München / Zürich 1999; Brown, Lyn M. / Gilligan, Carol: *Die verlorene Stimme. Wendepunkte in der Entwicklung von Mädchen und Frauen*. Ungekürzte Taschenbuchausg. dtv, München 1997 참조.
2 Belle, Deborah (Hg.): *Lives in Stress. Woman and Depression*. Sage, Beverly Hills u. a. 1982; Kast, Verena: *Die beste Freundin. Was Frauen aneinander haben*. Ungekürzte Ausg. 9판. dtv, München 2005 참조.
3 Vierzig, Siegfried: *Das Böse*, 58쪽.
4 Kast, Verena: *Abschied von der Opferrolle* 참조.
5 Kast, Verena: *Vom gelingenden Leben. Märcheninterpretationen*. Walter, Zürich / Düsseldorf 1998.

마무리하며

1　Kast, Verena: *Vom Sinn der Angst* 참조.
2　Schlink, Bernhard: *Der Vorleser* 참조.
3　Kast, Verena: *Vom Sinn des Ärgers* 참조.

참고 문헌

Aeschbacher, Urs: C. G. Jung, das "Dritte Reich" und die Macht der Verdrängung. In: *Intra* 6.26, 1996, S. 32 – 41.

Belle, Deborah (Hg.): *Lives in Stress. Woman and Depression*. Sage, Beverly Hills u. a. 1982.

Blomeyer, Rudolf: "Aspekte der Persona." In: *Analytische Psychologie* 5.1, 1974, S. 17 ff.

Brown, Lyn M. / Gilligan, Carol: *Die verlorene Stimme. Wendepunkte in der Entwicklung von Mädchen und Frauen*. Ungekürzte Taschenbuchausg. dtv, München 1997.

Camus, Albert: *Die Pest*. 81. Aufl. Rowohlt, Reinbek bei Hamburg 2013.

Egner, Helga (Hg.): *Leidenschaft und Rituale. Was Leben gelingen läßt*. Walter, Zürich und Düsseldorf 1997.

Evers, Tilman: *Mythos und Emanzipation. Eine kritische Annaherung an C. G. Jung*. Junius, Hamburg 1987.

Freud, Sigmund: *Das Unheimliche* (1919). In: Studienausgabe Bd. 4. S. Fischer, Frankfurt am Main 1997, S. 243 ff.

Die Gänsemagd. In: Brüder Grimm: Kinder-und Hausmärchen. Bd.

1. Herausgegeben und mit Nachwort versehen von C. Helbling. Manesse, Zürich 1946, S. 583 – 592.

Das Gilgamesch-Epos. Übersetzt und mit Anmerkungen versehen von Albert Schott. Neu herausgegeben von Wolfram von Soden. Reclam, Stuttgart 1997.

Gilligan, Carol: *Die andere Stimme. Lebenskonflikte und Moral der Frau. Ungekürzte Taschenbuchausg.* 5. Aufl. Piper, München / Zürich 1999.

Habermas, Jürgen: *Vergangenheit als Zukunft.* Pendo, Zürich 1990.

Heidegger, Martin: *Sein und Zeit* (1927). Max Niemeyer, Tübingen 1963.

Jacobi, Jolande: *Die Seelenmaske. Einblicke in die Psychologie des Alltags.* Walter, Olten / Freiburg im Breisgau 1971.

Jacoby, Mario: "Antisemitismus – ein ewiges Schattenthema." In: *Analytische Psychologie* 23, 1992, S. 24 – 40.

Jacoby, Mario: *Scham – Angst und Selbstwertgefühl. Ihre Bedeutung in der Psychotherapie.* Walter, Olten 1991.

Jung, C. G.: *Aion. Beiträge zur Symbolik des Selbst.* GW 9/II.

Jung, C. G.: *Erinnerungen, Träume, Gedanken.* Aufgezeichnet und herausgegeben von Aniela Jaffé. Rascher, Zürich 1962.

Jung, C. G.: *Der Kampf mit dem Schatten.* In: GW 10, §§ 444 – 457.

Jung, C. G.: *Nach der Katastrophe.* In: GW 10, §§ 400 – 443.

Jung, C. G.: Nachwort zu *Aufsätze zur Zeitgeschichte.* In: GW 10, §§ 458 – 487.

Jung, C. G.: *Die Probleme der modernen Psychotherapie.* In: GW 16, § 114 – 174.

Jung, C. G.: *Die Psychologie der Übertragung.* In: GW 16, §§ 353 – 539.

Jung, C. G.: *Der philosophische Baum.* In: GW 13, §§ 304 – 482.

Jung, C. G.: *Symbole der Wandlung*. Gesammelte Werke (GW) 5.

Jung, C. G.: *Theoretische Überlegungen zum Wesen des Psychischen*. In: GW 8, §§ 343 – 442.

Jung, C. G.: *Die transzendente Funktion*. In: GW 8, §§ 131 – 193.

Jung, C. G.: *Über die Psychologie des Unbewußten*. In: GW 7, §§ 1 – 201.

Jung, C. G.: *Über Wiedergeburt*. In: GW 9/I, §§ 199 – 258.

Jung, C. G.: *Wotan*. In: GW 10, §§ 371 – 399.

Jung, C. G.: *Zur Empirie des Individuationsprozesses*. In: GW 9/I, §§ 525 – 626.

Jung, C. G.: *Zur Psychologie der Trickster-Figur*. In: GW 9/I, §§ 456 – 488.

Jung, C. G. / Neumann, Erich: *Die Briefe. Die Briefe 1933 – 1959. Analytische Psychologie im Exil*. Herausgegeben von Martin Liebscher. Edition C. G. Jung im Patmos Verlag, Ostfildern 2015.

Jung, Maria Theresia: "Die Adoleszenz des Mädchens. Bestandsaufnahme und feministisch-psychologische Utopien." In: Egner, Helga (Hg.): *Lebensübergänge oder Der Aufenthalt im Werden*. Walter, Solothurn und Düsseldorf 1995, S. 33 – 55.

Kast, Verena: *Abschied von der Opferrolle. Das eigene Leben leben*. Neuausgabe. Herder, Freiburg im Breisgau 2014.

Kast, Verena: "Animus und Anima. Zwischen Ablösung von den Eltern und Spiritualität." In: Frick, Eckhard / Huber, Roland: *Die Weise von Liebe und Tod*. Vandenhoeck & Ruprecht, Göttingen / Zürich 1998, S. 64 – 79.

Kast, Verena: *Auf dem Weg zu sich selbst. Werden, wer ich wirklich sein kann*. Patmos, Ostfildern 2015.

Kast, Verena: *Die beste Freundin. Was Frauen aneinander haben*. Ungekürzte Ausg. 9. Aufl. dtv, München 2005.

Kast, Verena: *Die Dynamik der Symbole. Grundlagen der Jungschen Psychotherapie*. 8. Aufl. Patmos, Ostfildern 2012.

Kast, Verena: *Freude, Inspiration, Hoffnung*. 6. Aufl. Patmos, Ostfildern 2013.

Kast, Verena: *Loslassen und sich selber finden. Die Ablösung von den Kindern*. 4. Aufl. der Jubiläums-Ausg. (24. Gesamtaufl.) Herder, Freiburg im Breisgau 2015.

Kast, Verena: *Das Mädchen im Sternenkleid und andere Befreiungsgeschichten im Märchen*. Patmos, Ostfildern 2012.

Kast, Verena: *Paare. Beziehungsphantasien. Oder: Wie Götter sich in Menschen spiegeln*. Kreuz, Stuttgart 1984 (Neuausgabe unter dem Titel: *Paare. Wie Phantasien unsere Liebesbeziehung prägen*. Herder, Freiburg im Breisgau 2015).

Kast, Verena: *Über sich hinauswachsen. Neid und Eifersucht als Chancen für die persönliche Entwicklung*. Patmos, Ostfildern 2015.

Kast, Verena: *Vater-Töchter, Mutter-Söhne. Wege zur eigenen Identität aus Vater- und Mutter-Konstellationen*. 4. Aufl. der Neuausgabe 2005. Herder, Freiburg im Breisgau 2012.

Kast, Verena: *Vom gelingenden Leben. Märcheninterpretationen*. Walter, Zürich / Düsseldorf 1998.

Kast, Verena: *Vom Sinn der Angst. Wie Ängste sich festsetzen und wie sie sich verwandeln lassen*. 7. Aufl. (13. Gesamtaufl.) Herder Spektrum, Freiburg im Breisgau 2014.

Kast, Verena: *Vom Sinn des Ärgers. Anreiz zur Selbstbehauptung und Selbstentfaltung*. Neuausgabe. Herder, Freiburg im Breisgau u. a.

2014.

Kirsch, James: "Jungs sogenannter Antisemitismus." In: *Analytische Psychologie* 16.1, 1985, S. 40–65.

Köhler, Lotte: "Zur Anwendung der Bindungstheorie in der psychoanalytischen Praxis." In: *Psyche* 52.4, 1998, S. 387 ff.

Kristeva, Julia: *Fremde sind wir uns selbst*. 11. Aufl. Suhrkamp, Frankfurt am Main 2013.

Kruse, Otto: *Emotionsentwicklung und Neurosenentstehung. Perspektiven einer klinischen Entwicklungspsychologie*: Enke, Stuttgart 1991.

Meador, Betty De Shong: *Uncursing The Dark*. Chiron, Wilmette 1992.

Neumann, Erich: *Tiefenpsychologie und neue Ethik* (1949). Kindler, München 1964.

Neumann, Micha: "Die Beziehung zwischen Erich Neumann und C. G. Jung und die Frage des Antisemitismus." In: *Analytische Psychologie* 23, 1992, S. 3–23.

Rank, Otto: *Der Doppelgänger*. Turia + Kant, Wien 1993 (Nachdruck von 1925).

Samuels, Andrew: *Politics and Psyche*. Routledge, London / New York 1993.

Schliephacke, Bruno P.: *Märchen. Seele und Sinnbild*. Aschendorff, Münster 1974.

Schlink, Bernhard: *Der Vorleser*. Diogenes, Zürich 1997.

Sherman, Cindy / Dickhoff, Wilfried: *Cindy Sherman im Gespräch mit Wilfried Dickhoff*. Kiepenheuer & Witsch, Köln 1995.

Sigusch, Volkmar: "Metamorphosen von Leben und Tod." In: *Psyche* 51.9/10, 1997, S. 835 ff.

Spillmann, Brigitte: "Die Wirklichkeit des Schattens. Kritische

    Überlegungen zu C. G. Jungs Haltung während des Nationalsozialismus und zur Analytischen Psychologie." In: *Analytische Psychologie* 29.4, 1998, S. 272–295.

Strauch, Inge / Meier, Barbara: *Den Träumen auf der Spur*. Huber, Bern 1992.

Vierzig, Siegfried: *Das Böse*. Kohlhammer, Stuttgart u. a. 1984.

Vogel, Ralf T.: *Das Dunkle im Menschen. Das Schattenkonzept der Analytischen Psychologie*. Kohlhammer, Stuttgart 2015.

Wolkenstein, Diane / Kramer, Samuel N.: *Inanna. Queen of Heaven and Earth*. Harper & Row, New York 1987.

Der Schatten in uns
Die subversive Lebenskraft

옮긴이 **이상희**

중앙대학교 문예창작학과를 졸업하고 독일 본대학교 아시아학부에서 번역학을 전공했다. 현재 번역 에이전시 엔터스코리아에서 번역가로 활동하고 있다. 옮긴 책으로 『쇼펜하우어의 인생 수업』, 『젊은 베르테르의 슬픔』, 『데미안』, 『나, 버지니아 울프』, 『여자가 되자!』, 『예민한 엄마를 위한 책』, 『오늘의 지구를 공개합니다』 등 다수가 있다.

그림자에 민감해지기

초판 1쇄 펴낸날 2025년 7월 15일

지은이.   베레나 카스트
옮긴이.   이상희

교정교열.   김지연
디자인.   조성미
제작.   제이오
펴낸이.   김민정
펴낸곳.   두시의나무
          경기도 부천시
          소향로13번길 14-22 8층 802호
출판등록.   제2017-000070호
전화.   032-674-7228
팩스.   070-7966-3288
전자우편.   dusinamu@gmail.com

ISBN   979-11-988762-1-8   03180

잘못된 책은 구입하신 서점에서 교환해 드립니다.
책값은 뒤표지에 있습니다.